UnRead
—
生活家

THE
SCHOOL
OF LIFE

Relationships
-
人生学校

爱情的真相

〔英〕人生学校 —— 编著

冯倩珠 —— 译

Beijing United Publishing Co.,Ltd.
北京联合出版公司

目 录

Relationships

爱情的真相

少有事物能比爱情更给人以幸福的盼望——也少有事物能比爱情更切实地带来痛苦与挫折。我们错在以为自己天生懂得如何去爱，从而可以凭借直觉轻易掌控一段爱情。本书基于与此不同的前提：爱是一种需要学习的技能，而非仅为有待感知的情绪。本书以冷静亲切的口吻带领我们浏览爱情的主要问题——从争吵到性事，从宽恕到交流，它会让我们相信，爱的成功不再注定只由运气左右。

一 后浪漫主义

　　爱情感觉上是私人的、自发的过程，如果说有其他事物（可以称之为"社会"或"文化"）可能会在爱情最私密的时刻发挥隐蔽、关键的统御作用，或许会听起来有些奇怪——甚至相当侮辱。

　　然而人类历史向我们展现了各式各样爱的途径，关于有情人如何终成眷属的五花八门的假设，诠释感情的形形色色的方式。我们或许应该略为大度地接受，我们处理爱情的方法实际上必定大大仰赖于卧室之外的大环境。我们的爱在文化背景下展开，这背景创造出在爱里何为"正常"的强烈意识。它微妙地指引着我们将情感重心置于何处，教导我们重视何物、如何应对冲突、为何事兴奋、何时忍耐以及为何事表达合理的愤怒。爱有其历史，而我们有时会不由自主地顺应它的潮流。

约自一七五〇年以来，我们对待爱情的看法进入了一段极为特别的时期，即浪漫主义时期。浪漫主义最初是十八世纪中叶欧洲诗人、艺术家和哲学家脑中兴起的意识形态，如今它已征服世界，强有力却始终默默地影响着横滨某个店老板的儿子如何安排初次约会，好莱坞某个编剧如何塑造一部电影的结局，布宜诺斯艾利斯的某个中年妇女何时决定与其结婚二十年的公务员丈夫一刀两断。

没有哪一段爱情会完全遵循浪漫主义模板，不过其大致轮廓往往已被描绘出来。我们可以概括如下：

——浪漫主义对婚姻抱持深切的期望。它告诉我们，长久的婚姻能够保有恋爱的全部激情。在爱情之初我们所熟知的各种情感有望持续一生。浪漫主义将婚姻（迄今仍被视为一种实际且温柔的结合）与热烈的爱情故事融为一体，创造出一种独特的存在：终身热烈相爱的婚姻。

——浪漫主义将爱与性渐渐结合。以前，人们认为可以与不爱的人发生性行为，爱一个人也无须与之有美妙的性关系。浪漫主义则把性升华为爱的至高表现。频繁的彼此满足的性生活变成了所有爱情的健康风向标。无意之间，浪漫主义使通奸以及不频繁的性生活沦为灾难。

——浪漫主义提出，真爱一定意味着所有寂寞的终结。它保证，适合的伴侣无需言语，就能对彼此知心知意。我们能感应对方的灵魂。（浪漫主义者强调，伴侣即使默默无言也可以理解对方……）

——浪漫主义相信，选择伴侣时应当让感情引领自我，而非顺从现实考量。在有历史记载的大部分时期中，人们出于种种合乎逻辑的现实理由陷入爱情，走进婚姻：她的土地与你的相邻，他的家族拥有兴盛的粮食生意，她的父亲是城里的治安法官，对方保存着一座城堡，或者双方父母支持同一种经文注释。这样的"理性"婚姻里充斥着寂寞、不忠和铁石心肠。对浪漫主义者而言，理性的婚姻根本不合理，这就是为什么取而代之的感情婚姻基本无须解释其理由。重要的是两个人迫切希望结婚，一种无从抵御的直觉使他们彼此吸引，心中知晓这就是对的。现代的"理由"已够多了，催生出许多悲苦。直觉地位的提升是一种集体创伤反应，以对抗千百年来不合理的"理性"。

——浪漫主义对现实因素及金钱表现出强烈的轻蔑。如今，在浪漫主义的影响下，我们不愿让这些元素占据对爱情的核心思考，尤其是在交往前期。如果说知道自己跟对的人在一起，是因为你们财务状况匹配，或是对厕所礼仪和守时的态度合拍，这感觉很冷淡——很不浪漫。我们觉得只有当其他一切都失败（"我找不到爱，只好将就"）或因为本性邪恶（见钱眼开、趋炎附势）时，人们才会转向现实考量。

——浪漫主义相信，真爱应该包括喜欢爱人的方方面面。真爱等同于接受一个人的一切。伴侣（或自身）可能需要改变的想法被视为爱情触礁的征兆，"你必须改变"是最后通牒。

这种爱的模板是历史产物。它非常美丽，也时常是令人愉悦的。浪漫主义者敏锐洞悉情感生活的某些层面，才华横溢地表达他们的希望与追求。大多感情早先就存在，浪漫主义者所做的是将它们升华，从一时的念头转为严肃的概念，从而有力量决定持续一生的爱情进程。

至此我们可以大胆宣称：浪漫主义一直都是爱的祸端。它是一场文化和精神运动，会对普通人过上和睦情感生活的能力造成毁灭性冲击。爱的救赎在于战胜浪漫主义的一系列误区。最强大的文化声音使我们付出巨大代价，树立起错误的期望。他们注重的那些情感，对爱情成功助益无多，而让人们不再关注具有更积极引导作用的情感。我们值得同情。关于爱情如何发展，周遭的文化给予我们一种善意却存在致命偏差的理想。我们试图为棘手难题套上毫无裨益的脚本。

这个浪漫主义脚本既刻板，又虚幻。要在浪漫主义时代为人认可，注定得符合以下大部分条件：

——我们应该遇见一个外表内在皆美丽非凡的人，能够瞬间感受到彼此的特殊吸引力。

——我们应该拥有心满意足的性生活，不只是在交往初期，而是永久保持。

——我们应该永远不被他人吸引。

——我们应该能凭借直觉理解对方。

——我们无需爱的教育。我们可能需要经过培训才能成为飞行员或脑外科医生，但成为爱人不必受训。我们跟随感觉，便能渐渐学会这些。

——我们应该不留秘密，时常相伴（不应受工作阻碍）。

——我们不应为养家糊口而对性爱或感情丧失任何热情。

——我们的爱人必须是我们的灵魂伴侣、最好的朋友、孩子的爹妈、副驾驶、会计、管家和心灵导师。

了解浪漫主义的历史会令人宽慰——因为它表明，不像我们通常心怀内疚归结的那样，爱情的诸多困难并非缘于我们自身的愚笨、无能或对伴侣的错误选择。了解历史引发了另一种更有用的观念：不能仅仅责怪我们，我们的文化为我们设立了艰巨难题，却又蛮不讲理地将其描绘得轻而易举。

系统地质疑浪漫主义观点对爱的假设，看起来至关重要。我们不是为了摧毁爱，而是为了拯救爱。我们必须拼凑出一种情侣间的后浪漫主义理论，因为若要爱情长久，必然意味着要背弃许多浪漫主义情感——虽然最初正是这些情感让我们陷入爱情。"后浪漫主义"的概念不应意味着悲观或放弃爱情进展顺遂的希望。后浪漫主义在态度上对美好的爱情同样抱持热望，只是它在关于如何实现愿望上，有着截然不同的理念。

我们必须将浪漫主义模板代之以心理成熟的爱的憧憬，即古典的憧憬，这会激励我们形成一套陌生但有望生效的态度：

——爱与性不一定相伴而生，这很正常。

——预先在初期严肃地讨论金钱问题，并非对爱的背叛。

——认识到人无完人对情侣十分有益，它能增加交流中的包容与大度。

——我们绝无可能在一个人身上找到一切，我们于对方也是同样如此，这不是因为各自的缺陷，而是人的天性使然。

——我们必须付出看似刻意的巨大努力来理解彼此。直觉无法带领我们达到目标。

——花两个小时讨论浴室毛巾应该挂起来还是可以丢在地上，不苛碎也不儿戏，洗衣与守时都有其特定地位。

类似这样的态度才能让爱走向一个更有希望的崭新未来。

二　如何选择爱的人

我们如何选择爱的人？浪漫主义的答案是，直觉会自然指引我们接近对我们好的适合的人。爱是一种狂喜，当我们感觉自己面对一个温和而丰富的人，他能回应我们的感情需求，理解我们的悲伤，让我们更有力量对抗生活的艰难时，爱的狂喜便会降临。为了寻找爱人，我们必须让直觉带路，小心不要因为迂腐的心理分析、内省或其他对身份、财富、门第的考量而阻碍直觉。感觉会清清楚楚地告诉我们何时找到了真命天子。在浪漫主义的世界观里，但凡严谨地询问别人为何选择某一位伴侣，就是对爱多余且无礼的误解：真爱这种直觉会准确选定有能力让我们称心如意的人。

浪漫主义的态度听来温暖而亲切。它的鼻祖一定设想，这能结束过去由父母和社会牵线的不幸联姻。唯一的麻烦在于，我们顺从直觉的结果反而经常是一场灾难。比起中世纪皇室汲汲保护世袭领土主权而受缚成婚，我们遵奉在夜总会、火车站、聚会和网上对某些人产生的特殊情感，这样的结合似乎也根本没有令我们更幸福。就担保爱情故事的质量而言，"直觉"比"算计"好不了多少。

然而，浪漫主义并不会轻易对此放弃争辩。它会将常见的爱的难题归因于我们未能尽力找寻浪漫主义幻想固定的中心人物："对的人"。这个人必然存在（浪漫主义向我们保证，每个灵魂一定有灵魂伴侣），只是我们尚未追踪到他。因此我们必须继续搜索，想方设法，坚持不懈，或许，经历离婚、变卖房产后，我们总会找到。

与此相反，还有另一派想法，受精神分析的影响，质疑直觉是否总能将我们引向带来幸福的人。这种理论坚称，我们首先爱上的不是那些以理想方式爱护我们的人，而是那些以熟悉的方式爱护我们的人。成年的爱出自一个应当如何被爱的模板，这个模板在我们的童年时期建立起来，很可能缠绕着一系列强迫性问题，妨碍着我们的成长机遇。

我们也许以为自己是在爱里探寻幸福，但我们真正寻求的是熟悉感。在成年爱情中，我们盼望着重建童年时期熟知的那些情感，而这些情感不只限于体贴和关心。大部分人早年体验到的爱掺杂着其他更具破坏力的内容：想要帮助失控的大人，丧失父母关爱或担心他们发脾气，缺乏想要传达我们微妙心愿的安全感。于是，我们成年后拒绝某些对象就显得再合理不过了，不是因为他们不对，而是太对了——好像总觉得他们过分稳重、成熟、善解人意又可靠——我们感觉这种对的人很陌生，感觉自己配不上他们。我们追求更有意思的人，并非相信与他们在一起会更融洽，只是在潜意识里感觉，在各种挫折中，生活会熟悉得令人安心。

精神分析将我们确定伴侣的过程称为"客体选

择"——它建议我们设法了解那些隐隐支配着我们偏好的因素，以防有害的模式发挥作用。直觉——好感与反感的强烈倾向——源自儿时的复杂经历，年幼的我们无法理解，它却滞留在我们心灵的前厅。

精神分析并非表示我们的一切偏好都会变形。我们可能会合情合理地渴慕优良品质：聪明、迷人、慷慨……但我们也容易受到微妙脾性的致命吸引，关注那些时常缺席的人，对我们有些许轻蔑的人，时刻需要朋友环绕的人，打理不好自己财务的人。

无论听起来多么矛盾，如果没有这些微妙的行为，我们或许根本不能对那个人产生热情或温情。或者，父母曾使我们深受创伤，我们因而无法接近与父母有任何相同特质的伴侣，哪怕对方和他们的负面特点毫无关联。在爱情中，我们有可能无法忍受一个聪明的人、守时的人或对科学感兴趣的人，仅仅因为早年造成我们许多困扰的某个人拥有这些特征。

要明智地选择伴侣，我们必须厘清在我们的偏好中，也许出现了受难的强迫行为或是对于创伤的刻板逃避。良好的开端是（也许在一个空闲的下午，准备一大张纸和一支笔）扪心自问，我们会对哪种人退避三舍。反感与厌恶是有用的先导，因为我们会意识到，某些令我们胆寒的特征客观上并不负面，但着实令人讨厌。比如我们可能觉得，对我们的事过问太多的某个人、很温柔或很可靠的某个人，似乎怪异又无趣。同样，我们也可能渐渐察觉，一定程度上的残忍或疏离反倒列于一张古怪的清单上，那张清单的内容看似是我们为了去爱而真正需要的。

在这个过程中，自我审查在所难免，但重点不在于把自己表现得稳妥牢靠，而是要发掘心灵的怪癖。我们往往发现，有些显然不错的特点在我们的爱里被过滤了：能言善辩、聪慧可靠、性情开朗的人可能触发严重警报。我们应该缓一缓，仔细琢磨这种厌恶感来自何处，过往的哪些经历让我们如此难以接受某类感情养分。每当找出一个消极面，我们也将发现脑中关键的联系：发觉一种不可能去爱的情况，而这基于过往投射到现在的种种联系。

有些联系在大脑较隐蔽的角落里高效运作。有一种探查的方法是填写短句，引发我们回应某个人身上与我们相吸或相斥的特性。不假思索地写下答案，捕捉发挥作用的潜意识，才更能看清我们的反应。例如，可以读读以下句子，从容地接续脑中出现的第一句话：

假如我告诉伴侣我有多需要他，他会……

当对方告诉我，他真的很需要我，我……

假如对方无法应对困境，我……

当对方叫我振作一点，我……

假如我坦然面对自己的焦虑……

假如伴侣叫我别担心，我会……

当对方对我横加指责，我……

诚实的回答正是历史遗留问题。它们透露出我们以前获知的关于爱的模样的基本假设。我们也许会更清楚地认识到，我们在另一个人身上寻找的东西，未必能正确地指引我们走向个人或双方的幸福。

审视感情历史，我们发现自己并不能被任意类型的人吸引。根据过往的经历，我们逐渐意识到早年种种联系的本来面目。吸引我们的，是依据一两个印象极深的范本所形成的泛化——这完全可以理解。无意中，我们将片面的联系转化为了严格的爱情规则。

哪怕我们无法彻底扭转这种模式，知道自己应该有所注意总还是有用的。当我们在酒吧和一个人聊了短短几分钟便深信遇到真爱时，我们会更加谨慎。最终，我们可以获得解放，去爱那些不同于"初期类型"的人，因为我们发现自己喜欢与畏惧的那些特质会以不同的群集出现，与最初令我们心动的人身上所见的不一样。我们终于开始了解自己久远的童年，并从中获得解脱。

三　移情

　　爱情中总有这样那样莫名其妙的状况，伴侣一方看似"反应过激"。在这些状况下，双方可能会迅速陷入激烈争吵，一个人的过激反应触发了另一个人愤怒的回应。双方鲜少寻求理解，更少付出宽容与同情。这是因为我们很少认清这些过激反应的真正根源，即伴侣复杂过往的混乱泛化。双方对此未能完全理解，也未曾共同讨论过。事实证明，与另一个人和睦共处的秘诀之一，是掌握过往恐惧与焦虑的"移情"在我们所有行为中起了多大作用。

　　举个例子：你正在翻阅时尚杂志，开玩笑建议伴侣可以在衣柜里翻翻新花样，换一条牛仔裤，买一件新T恤、一件粗呢大衣或一双厚底鞋。你一提到这种可能性，伴侣就变得十分激动：他不屑地表示手头紧、没时间、衣服够多了，问你为什么故意用这样无聊的提议惹他生气。这种回应很讨厌。你只是给出了再合理不过的建议，对方却向你宣战。你没做错任何事，他的行为却夸张得与导火索全然不成比例。和别的一些情况一样，你或许就此断定，你爱的这个人在某些方面好像真的"有些不可理喻"。这种论断虽然令人沮丧，却也奇怪地带来了满足感——至少你知道这是怎么一回事了。

然而我们都"有些不可理喻"，在方式上要避免此类自以为是的言论，且须更仔细、更宽容地检视。每个人都会有种种状况和行为，会引来一些迅速而强烈的回应，但似乎与眼下发生的事毫不相干。我们的言行与眼前的情形并不相称。比如，我们爱的人要远行一个月，他说真的会非常想念我们。他拥抱然后转身离开。我们非但没有感到悲伤与怜爱，还抽身流露出麻木之情，什么也说不出口，只好说今天天气反常地阴冷。比如，我们回到家时发现厨房有点乱，不会镇定地去收拾，而是冲着伴侣大喊大叫，说屋子乱作一团，受不了和他一起生活。再比如，一位朋友前来参加我们的生日聚会，只迟到了十分钟，我们却失控地传信息给他，骂他浑蛋，不劳他大驾了。

如果我们想单纯依照此时此地的事态来解释这类言行（就像我们经常会做的那样），是怎么都说不通的。这类言行通常出于一种被称为"移情"的心理现象。当下的状况会引发我们的回应，多半具有极端、强烈或刻板的性质，它在我们的童年时期草草形成，用以应对威胁。当时的我们太过脆弱稚嫩、缺乏经验，无法正确处理，因此，当我们遇到感觉很熟悉的威胁时，便采取旧日的防御机制来回应。

对于大多数人来说，在理解力和控制力尚未发展成熟时面临极大困难，会让我们难以保持镇定、平静及信任。触及某些问题时，我们会变得乖戾。我们的性格被塑造得异常敏感、多疑、哀伤、封闭、易怒、易怀有敌意——每当生活让我们陷入困境，哪怕只是勾起我们对早年困扰的模糊回忆，我们也有再度变得如此的风险。可能我们深爱的父母一方离开我们，长期在海外工作——这并非他的本意，但当时的痛苦太过强烈，导致我们关闭了情感功能，以此做出回应。我们的处理方式是不去感受，变得麻木。直到三十年后的今天，每当心爱的人必须离开一段时间时，我们仍会产生这种反应。可能我们的父母是乱糟糟、靠不住的人，我们与之相处的方式是一丝不苟地整理房间，按尺寸排列书本，见到半点灰尘就惊恐不安。即使到了现在，杂乱的环境仍能激发出恐慌感，让我们感觉一切又失去控制了。也可能我们有个总在重要场合迟到的姐妹，或有个沉迷时尚、令你觉得丢脸的母亲。

潜意识迟迟才领悟到外部世界已经发生了变化，但遗憾的是，它仅凭相似的事就会做出判断，立刻将某人误认为另一个人。"我们所爱的人"或"出席我们聚会的人"看起来足以混淆视听。

因为移情通常不知不觉地发生，我们无法解释自己的举动。我们背负着已然淡忘、浑然无形的岁月，无从向他人阐释，也无从赢得同情与理解。我们只给人以刻薄或发疯的印象。此时最好有一位守护天使为我们暂停时间，带伴侣回到另一个时空，回到神经症性防御移情起源的时刻。他们能看到那靠不住的父母、乱糟糟的屋子、慈爱却未尽责的父亲、沉迷时尚的母亲，能看到在我们还不知道如何应付时就必须面对的一切。那时，他们或许也会触景生情。

移情概念提供了一个有利的观点来洞察爱情中必然遇到的一些最令人失望的言行，也让我们在原本只能发怒的情势下感受理解与同情。如果我们无法永远在爱情中保持完全理智，那么能够为在乎我们的人做的最仁慈的事，就是奉上几张地图，设法指点他们走进我们心里紊乱的区域。

绘制这些地图的关键是找出移情可能发生的地方。为此，我们可以借助一系列移情测试来实现。由心理学家赫尔曼·罗夏（Hermann Rorschach）于二十世纪二十年代首创的著名的罗夏测验，能够帮助人们深入了解自己脑中难以触及的部分。受试者会看到一张含义不明的图片，需要回答自己认为这是什么。罗夏认为，受试者会由此流露出支配他们的潜在恐惧、希望、偏见与臆断。

罗夏测验的重点是图片不具有唯一准确的意义。不同的人根据往过经历所诱发的想象，会在图中看到全然不同的东西。在一个和蔼可亲、心胸宽广的人眼中，附图里可能是一副面具，有双眼，耷拉着耳朵，盖着一层口罩，宽大的帘子从脸颊处垂下。而另一个人，如果他有位专横的父亲并因此受过严重的心埋创伤，或许会把图看成对一个强势人物的仰视，人物双脚跨立，双腿粗壮，肩膀厚实，头部前倾，仿佛随时准备发起攻击。

对图画的理解取决于看图的人，他们以自己的方式阐释。他们各自的描述能反映出的必然是个人信息，而非图片的信息。

另一种移情测试要求受试者接续特定的句子，说出脑中首先浮现的想法。例如：

首创于二十世纪二十年代的罗夏测验，以抽象的墨迹作为心理分析依据。

权威人士通常……

年轻女性几乎总是……

我晋升时，必定会发生这样的事……

某人迟到，一定是因为……

听到别人说一个人"很聪明"，我猜他……

当我们试图揣摩另一个人的复杂生活时，移情并不常出现。很遗憾地，它没有向我们展现本该有的样子。头脑并没有对主人说，在某一特定时刻它反应过激，是因为碰到一个老问题，而这问题曾是许多焦虑的根源。我们现在的言行是由四岁或九岁时的自己驱动的，这种想法可能会令我们感到可悲，或让我们觉得自己十分脆弱。

　　成熟的标志之一是欣然接受自己可能受到多重移情影响，决意厘清思绪，使自己不必时常为难身边的人。成长的任务，是带着谦卑之心去了解我们在种种状况下可能产生的逾常冲动，更准确、更审慎地监督自己，提升判断能力，以便在应对状况时能更加公正与中立。

四　亲密关系的难题

人生在世，我们几乎别无选择，只能一辈子"戒备森严"，远离自己柔弱的地方，隔绝某些情感，在许多情况下小心翼翼不去感受。

然而在爱情中，我们需要做的恰恰相反。善于爱，意味着有能力表达伤痛、渴望和温柔，懂得如何依赖，甘愿为了另一个人放弃自主。这需要掌握平衡：一天大部分时间刚强，剩下的时间善用温柔。也难怪从独立到柔弱的转换总是令人忧心，而对亲密的渴望也总是伴随着恐惧以及看起来似乎存在但其实并没有的肮脏。

爱情初期有甜美的时光——一方无法鼓足勇气让另一方知道自己内心的喜爱。他很想牵对方的手，在对方生命中找一个位置，但又强烈害怕被拒绝，于是踌躇不前。我们的文化对这一忸怩不安、多愁善感的爱情阶段抱有许多同情。当别人试图在暧昧期表达需求时，或许会表现得有些异样，但我们应该耐心以待。他们或许变得慌慌张张，舌头打结；或许话中带刺，爱搭不理——这并非出于冷漠，而是用来掩饰巨大热情背后的不安。不过，这种害怕被拒绝的假设只会持续一小段时间，而且集中在爱情初期。当伴侣终于接受我们，双方结合步入正轨后，我们便假设对拒绝的恐惧应该到此为止。如果两人已明明白白互许承诺、共同担保抵押、一起买房子、立誓、生子、在遗嘱中写下对方的名字，如果到了这种地步，焦虑还在继续，就很奇怪了。

但是，我们总会在自己和伴侣身上注意到爱情的不寻常之处——拒绝以及对拒绝的恐惧，永远不会停止。它日复一日存在着，带来的后果通常很麻烦，即使理智的人也未能幸免。这一切，主要是因为我们不愿给予充分关注，没有学着去辨认他人身上违反常理的征兆。我们未曾找到一种不觉耻辱、讨人喜欢的方式来表达自己所需的安全感。

在我们内心深处，接受绝非理所当然，互相给予也从来得不到保证。爱的完整性永远会受到新的威胁，有真实的，也有假想的。触发不安的事看似微不足道。也许伴侣离家工作的时间比往常更久，也许他在聚会上兴高采烈地跟一个陌生人聊天，也许你们好一阵子没有性生活，也许走进厨房时他显得不够热情，也许他在半个小时里一直沉默寡言。

就算和一个人交往多年，恐惧的障碍仍可能存在。我们害怕寻求自己被需要的证明，却又可怕地假设此类焦虑绝无可能存在。这使得我们很难认清自身感受，更别提用什么方式向他人传达感受，以期获得我们渴求的理解与同情了。我们没有恰当地索求安全感，没有巧妙地展现渴望，而是把需求掩藏在某些粗鲁、伤人的言行之下，而这些言行必定会妨碍我们达成目标。在确立的爱情关系中，若否认害怕被拒绝，往往会显露出两大征兆。

首先，我们会变得疏离——用心理治疗师的话来说，会变得"回避"。我们想要接近伴侣，又太担心对方不需要自己，于是反而排斥他。我们说自己很忙，假装心不在焉，暗示对安全感的需求是我们最不惦记的事。我们甚至可能会寻找外遇，用这种保全颜面的极端尝试，同时也是有悖常理的尝试去疏离伴侣，坚称自己并不需要伴侣的爱（我们太过矜持而不敢要求的那份爱）。外遇可能会成为最奇怪的阻碍：我们艰难地证明冷漠，那份只为真心在乎的人所保留的、对他们暗暗表达的冷漠。

再者，我们的控制欲会变得很强（治疗师所称的"焦虑"）。若感觉伴侣在情感上选择逃避，我们就会急于逼他表态。他迟到片刻，我们会过分生气。他没做家事，我们会严厉训斥。我们反复询问他有没有完成之前答应做的事。凡此种种，却不承认"我担心你觉得我不重要了……"。我们自以为无法迫使他更加宽容热情，无法迫使他需要我们（即使我们并未提出过这个要求）。

于是，我们试图程序化地控制他。我们并非致力于永远主导这段关系，只是无法承认自己害怕在多大程度上已放弃自主。悲剧的循环就此展开。我们变得尖刻又讨厌，而伴侣则感觉我们可能已不再爱他了。但事实是我们仍然爱他，只是过于害怕他不爱我们。我们用最后的求援来抵御脆弱，或许会贬损这个躲避我们的人。我们找他的麻烦，抱怨他的缺点，独独不去问萦绕心头的问题：这个人爱我吗？而如果能够真正理解这种苛刻无礼的言行，就会发现它的本质不是拒绝，而是对温柔的恳求，它怪异而扭曲——却十分真实。

我们应当同情自己。爱情需要我们把自己摆在相较伴侣而言弱势的位置上，这可能是我们搜求力量与坚强的体现。爱人接触到我们通常隐藏起来的部分。我们的爱赋予对方太多凌驾我们的权力。如果想要使用这种权力——就像他们有时真的会做的那样——他们完全知道该如何戳到我们的痛点。这令人深感惶恐。

如果早年经历和童年影响曾加深我们对亲密的恐

惧，如果我们曾流露的柔弱被当过箭靶，爱情就会变得越发困难。或许曾有人嘲笑我们的失败，奚落我们羞怯的渴望，利用我们的恐惧。再次向另一个人暴露脆弱之处的可能性，便会勾起某些令人感到羞辱的黑暗回忆。

害怕亲密，不是因为我们木讷，而是因为亲密隐含真实的危险。我们在最初察觉到爱有多可怕，也应承认危险是始终存在的问题。和一个容易伤害我们，且有时真的会利用所知来打击我们的人在一起，还要维持这段感情，是很不容易的。这种危险不仅仅是少数不幸的人所面对的，它是所有亲密关系的基本特征。

表面上，焦虑型与回避型的言行都很糟糕。这些状态下的人似乎在说"我不在乎你"或者"我是个控制狂"。其实控制欲强的人和疏远的人都试图通过他们的行为，表达和字面上截然不同的意思。他们深层的信息是"我害怕你不在乎我""我担心你不够爱我，不会善待我的疮疤，因此我穿上盔甲或先发制人"。他们的高声表达，听起来像是在自信地张扬力量。但经过更深入准确的了解，你才会明白，这是一种混乱不清、误导性强却很真实的对于温柔的恳求。

遗憾的是，我们本能的防御措施只会适得其反。为避免蒙羞而采取冷漠或控制措施的人，本意是想要（以一种奇怪的方式）让爱情进展顺利，却最终破坏了这段关系。他们力图避免羞辱，却造成了伴侣的困惑、不快与恼火。

令人无比辛酸的是，一个人可能看似可恶或伤痕累累，实际上却是个很好的人。他的声音听起来像头愤怒的狮子，其实却是个胆怯的孩子。这样的反应缘自软弱似乎令人讶异，但事实时常如此：正是对伤害的恐惧，导致了我们最严重的情绪爆发。

如果我们打算用好一些的方式处理对于亲密关系常见（且复杂）的反应，就必须静下心来，诚实地审视自己。可以问自己这样一个问题：当我们需要某个人却无力接近时，我们一贯的做法是什么？我们会撤退、会攻击还是会非常罕见地、无所畏惧地解释自己的需求？

理想的做法是，我们可以在较平静的心态下，学着认识自身及伴侣典型的防御策略。这样我们就能看出，他们退却时，并非真的在爱情里渐行渐远（尽管表面上看来如此）。他们变得爱控制，也不是性格霸道这么简单。他们在用笨拙且严密掩饰到令人恼怒的方法，来保全我们的爱，压抑因需要爱而感到的种种不安。这种做法需要诠释上的转变。我们可以替换严厉的观点，更体谅（可能也更正确）地看待他们的行为。如果我们剖析自己在这些方面的行为，就会发现理解伴侣的激怒，可能会简单一点。

解决这些麻烦的首要方法，是形成对情绪功能更准确的新印象并将其正常化：要明白脆弱以及不断需要的安全感都是健康、成熟的，而流露柔弱、表现依赖又是极其困难的。

我们纠结，这是因为成年生活为我们如何行事设立了太多强硬的规范。它试图教导我们保持不合情理的坚强。它暗示我们，伴侣不在身边几个小时，我们便希望对方表明自己依然爱我们，可能不正常。或仅仅由于伴侣在聚会上没有太关注我们，离开时又不想走，我们就希望对方保证并没有对我们失去兴趣，可能也不正常。

但我们常常需要的正是这种安全感。我们永远无法终止为人接受的需求。这并非弱者或能力不足者才有的祸事。在这一方面，不安全感是健全的标志。它代表我们没有允许自己将别人的好视为理所当然之事。它代表我们实事求是，明白事情可能真的不遂人愿，也代表我们足够投入，重视感情。

我们应该频繁地创造机会，或许每隔几个小时，就要自在、正当地寻求确认。"我真的需要你，你依然需要我吗？"这理应是十分正常的询问。我们应该承认，需求与可悲、苛刻、大男子主义的字眼"需索无度"没有任何关联。我们要更善于发现那些埋藏在我们和伴侣某些最冷漠、最僵持、最残酷时刻里的爱与渴望。

五 一体两面

伴侣的缺陷可能十分恼人。我们因其能力和优点而走近他，但相处一阵子之后，主导我们看法的可能是他个性中令人失望的部分。

我们旁观他的不足，时时不解他为什么是这副模样。为什么如此迟钝？为什么如此不可靠？为什么在解释或阐述时如此笨嘴拙舌？为什么不能直面坏消息？更糟的是，我们以为他能够改变——只要他真心实意，只要他不那么自私……

在这种忧虑时刻，我们必须记得一体两面论。这要求我们始终把别人的缺点看作与吸引我们的优点并存的反面，有些时候，我们会从中受益（纵使目前还看不出任何益处）。我们看到的并非纯粹的不足，而是伴侣真实优势的阴暗面。我们应该懂得缺点源于优点。

十九世纪七十年代，美国小说家亨利·詹姆斯旅居巴黎期间，与当时同住巴黎的著名俄国小说家伊凡·屠格涅夫成为挚友。亨利·詹姆斯十分欣赏这位俄国作家讲故事时不紧不慢的平静风格。他显然会字斟句酌、推敲再三、修改润色，直至最终一切完美。这是一种呕心沥血又鼓舞人心的写作方法。

同样是这些美德，在私人与社交生活中，却使屠格涅夫成了一个惹人生气的同伴。他应邀出席午餐，却在前一天传信说自己无法前往；后来又传信说自己非常期待这次聚会。最后他出席了——迟到两个小时之久。同他安排任何事情都是一场噩梦。社交方面的反复无常，与他写作魅力的根源其实是一回事。两者都是同样从容不迫，同样希望在最后一刻到来之前保留选择余地。这造就了伟大的著作，也制造了宴会的混乱。亨利·詹姆斯回忆起屠格涅夫时说道，他这位俄国朋友展现了性格的"一体两面"。

这个理论说的是人的每个优点必定伴随着一个缺点，与生俱来。没有缺点的优点是不现实的。每一种美德都有相连的缺点。一个人不可能将所有美德集于一身。

这是能在特定危机中帮助我们冷静下来的理论，因为它改变了我们看待他人不足、过错和缺点的方式。我们的头脑往往会孤立出优点，将之视为必然，认为缺点是异常的累赘，但事实上，缺点是优点不可分割的一体之两面。这个理论有效地动摇了原本完全无益的观念，即只要我们再努力一些，便会找到时刻完美的那个人相伴。如果说优点与缺点密不可分，那么绝对没有人是完美无瑕的。我们可以找到有各种优点的人，但他们也有一大堆缺点。花点时间提醒自己人无完人，一定会让你感到平心静气。

六 孩子气的伴侣

　　儿童的行为有时蛮不讲理，令人震惊：对照顾他们的人大吼大叫，气呼呼地推开一碗动物造型的意大利面，把刚替他们捡回来的东西再次扔掉。但我们很少因他们的行为而感到受伤或激动。我们不会把负面的动机或险恶的用心加在孩子身上。我们寻求对他们无理行为的最宽容的解释。我们认为他们这么做不是为了故意让我们心烦。我们也许会觉得，他们只是有点累了，或是牙疼，或是弟弟妹妹的到来令他们不安。我们脑中预备了大量说辞，但没有一种会导致我们恐慌或狂躁。

　　然而，和一般的成年人在一起，特别是和爱人在一起时，情况往往与此相反。我们会设想伴侣有意跟我们作对。如果在自己妈妈生日当天，他因为"工作"迟到了，我们可能会认为这是借口。如果他答应为我们多买一些牙膏却"忘了"买，我们会猜测他是故意怠慢，想给我们制造一点苦恼，没准还因此沾沾自喜呢。

但如果用对待孩子的方式，我们的第一假设就会大不一样：或许他昨晚没睡好，疲惫不堪，没法正常思考；或许他膝盖疼痛；或许他所做的事，与小孩试探父母的容忍底线差不多。以这样的视角来看，爱人的成年行为虽不会神奇地变美好、变合意，但其带来的伤害程度却降低了。我们生活在世界上，已经学会了善待孩子，这足以令人动容，但如果我们学着对彼此孩童般的部分更宽容一些，就更好了。

要牢记伴侣童心未泯，这一点乍听之下很奇怪——甚至带着居高临下的姿态或令人绝望的情绪。伴侣的外在明显是一个老练的成年人，然而"孩子气的伴侣"理论提醒我们接受，每个人心智中都有一部分始终与人生早期的心智息息相关。当身边人难以相处，当他们不合情理地闹脾气、生闷气，或兀然挑衅时，此种看待方式可能是最有效的对策。当他们与我们对成人行为的理想期望相去甚远时，我们未经充分体察，就轻蔑地将这种态度称为"幼稚"，我们明明正接近一个极具建设性的想法，却（遗憾但情有可原地）将其视为单纯的指责——而非接受它的真相：它是每个人都有的特征。

这样做带来的结果在于，我们通常都很宠孩子。我们保持冷静、持续关爱孩子的能力是基于一定的事实建立起来的。我们理所当然地认为，他们无法解释真正烦扰自己的是什么。我们从狂暴的外在征兆中推断出他们悲伤的真实原因——我们懂得，小孩分析与交流自身问题的能力有限。

"孩子气的伴侣"理论的主要前提是承认伴侣保留着幼稚的一面，这并非心理失常，亦非独特缺陷。这是所有成年人不可避免的正常特征。和一个在许多方面依然幼稚的人做伴，你并不会显得倒霉。成年根本不是一个完整的状态，所谓的童年是（以隐蔽而重要的方式）延续一生的。因此，我们在与另一个成年人打交道时，也必须持续不断地沿用我们在孩童身边的某些较轻松的作为。

善待伴侣内心的小孩，并不表示把他们当作孩子。你用不着拟一张图表记录何时允许他们看电视，他们自己穿好衣服时也不必奖励他们五角星。它表现为我们仁慈地根据深层含义翻译他们所说的话："你是个王八蛋"可能真正表达的是"工作繁重，我试图告诉自己，我比自身的实际感受更坚强、更独立"；"你明白不了，是吧"的意思可能是"我恐慌又沮丧，也不太清楚为什么。请坚强一点"。

理想情况下，我们应该留更多空间来安抚而非争执；与其因为伴侣气人的话而斥责他，不如把他看成一个激动的孩子，他之所以向最爱的人进攻，是因为想不出别的办法。我们要争取让他放心，告诉他他仍然很好，而不是以牙还牙（尽管很难抗拒这种冲动）。

当然，比起面对一个真正的孩子，和一个展现内心小孩的成年人在一起，更难保持成熟。这是因为你能看到蹒跚学步的幼儿或五岁的儿童有多小、多稚嫩，在这种情况下，同情自然而生。我们知道，突然批评孩子，试图让他们对自己每一刻的举止完全负责，将会是一场灾难。在半个世纪或更久的时间里，心理学一直告诫我们这不是正确的办法。

然而我们尚未让这种文化支撑完全发挥作用，帮助我们应对伴侣幼稚的一面。当然，这一认知不能只是单向的。善待伴侣内心的小孩，与这种能力必然相关的，是承认我们自己在某些时候，也一样需要被人以这种慈爱的目光看待。我们可以轮流交换角色。我们可以振作精神，宽待对方内心的三岁小孩——原因之一是我们知道不久后自己也会需要同样的对待。

准确地匡正对他人内心世界的构想，是我们需要持续做出的同理反应。对于表面上看起来气势汹汹的人，我们必须设想他们内在的纷扰、失望、忧虑和混乱不堪。我们的爱人可能身高六英尺一英寸，有成年人的固定工作，但某些时候的行为却严重退化。当他出现恶劣行为时，他没有说出口却或许应该说的是："内心深处，我仍是个幼儿，此刻我需要你做我的家长。我需要你推测我真正的苦恼，如同小时候，当我渐渐形成爱的概念时别人所做的那样。"

当我们被人评论不如实际年龄成熟时，总会觉得丢人。我们对此太过敏感，以至于忘了有时看清成年的自我也是种莫大的荣幸，这样才能走近并宽恕心中那个失望、暴怒、不擅辞令的受伤小孩。

七　爱与被爱

　　我们谈起"爱"来，仿佛它是一件单一、无法分化的事，但实际上，它包含两种迥异的模式："被爱"与"爱人"。对爱情得心应手的意义之一，是变得更愿意做后者，且更加意识到对前者的非自然的危险迷恋。

　　我们最早只了解"被爱"。我们在幼儿时期被人照料时，爱便是如此。童年时代，爱是可以不劳而获的：有人在身旁安慰我们，陪我们玩耍，询问我们的感受，竭尽全力平息我们的忧虑。至于我们，几乎不必回报。我们没有职责去问父母的一天过得如何，或是在父母疲累时请他们上楼小睡。

　　这种与人联结的方式（由对方做向导、帮手和侍者）可能自然成为爱应有的标准模样。对孩子而言，父母好像一直自发地在旁安慰、引导、取悦、喂养、打理，同时几乎永远保持着温和与乐观。父母也不遗余力地隐瞒着可能存在的其他事实。他们努力压抑自己偶尔的愤怒、绝望与冷漠。

我们带着这种片面的观点走向成年。我们迈入青少年时期后（完全无意识）的第一步是希望重建孩提时代被照料、被娇惯的感觉。在脑中的隐秘角落里，我们想象出一个爱人，他 / 她能预见我们的需求，读懂我们的心，行为无私，能让我们的世界变得更好、更完整。这听起来"浪漫"，但若我们固执己见，这幅蓝图将化为麻烦与灾难。

或许你生命中从未有过这样一个人物，我们姑且设想一位好母亲是什么样的：当你还在襁褓中时，她夜里给你喂食；你凌晨三点大哭，她起身安抚，折腾一个小时后总算让你回到梦乡；你得了感冒，她把溏心蛋佐吐司酥送到你床边。她很关心你的琐碎小事，比如地理考试考得怎样，或是赛跑后膝盖留下的擦伤。如今，她希望你快乐，事业成功并不重要。当你陷入困境时，她忧你所忧。她为了你把自己的需求抛到一边。她重视你的困难，却不会要求你也这样对她。

这是爱可能拥有的崇高形象。成年后，我们在他人身上首先要求这种爱，本无可厚非。然而，我们在过程中可能会发现：我们似乎无法找到童年里所知的爱。

我们对此愤怒，埋怨对方无力感知我们的需求，不够爱我们。但直到我们真正成熟的那一天，我们才意识到要放弃渴求这种无私、单向的爱，唯一的出路就是不再专为自己要求这种爱，而是——有时候，若我们有精力与想法——学着对别人付出，学着像理想的父母以前为我们所做的那样，给予爱人同样的对待。我们无法时刻做到，也不应如此期许。成年的爱只能是要求扶持与提供扶持的审慎结合。但是情侣双方都像小孩的情况也并不罕见，他们仿佛被留在幼儿园里，哭诉自己遭到了忽视，两人都无法长久进入成人的角色，扶助对方，再等待努力得到回报。我们应当了解，爱情时常合理地要求我们把自身需求暂时搁到一边，以便关怀另一个人的困苦。如此我们才能最终完成困难的任务，学会如何爱人，而不只是被爱。

八 家务琐事

在浪漫主义的引导下，聪敏的人走到一起，双方往往对于能让爱情长久的大小事务层级心照不宣，知道什么重要什么不重要。他们往往高度重视共度时光（比如一起去博物馆或海边），性爱美满，聚集了一圈有趣的朋友，热衷于阅读启发人心的书籍。但他们不太可能费心思考谁来熨衣服的问题。

原因之一是浪漫主义作家在作品中探讨爱情的麻烦时，从不探讨洗烫衣物之事。他们倾向于引人关注一些重要但范围极其有限的事。俄国伟大诗人亚历山大·普希金在《叶甫盖尼·奥涅金》中描绘单恋。居斯塔夫·福楼拜在《包法利夫人》中剖析厌倦与不忠。简·奥斯丁关切社会地位差异如何影响情侣最终获得圆满的可能性。十九世纪意大利流传最广的小说——亚历山德罗·曼佐尼的《约婚夫妇》——展现了政治腐败与重大历史事件如何颠倒一段爱情。所有伟大的浪漫主义作家都以各自不同的方式，探讨造成爱情之路崎岖坎坷的缘由。

但是他们讨论的内容一直遗漏了某些重要的事情。从未有人对可纳入"家务事"范畴的难题表现出什么兴趣，它代表了共同生活的一切实际事宜，且延伸至一系列虽小却举足轻重的问题，包括周末去探望谁、何时上床睡觉、隔多久邀朋友来吃一次饭、谁去买洗衣液等。

以浪漫主义的观点来看，这些事情算不上严肃，也算不上重要。成就或破坏一段爱情的，是戏剧性的宏大事件：忠诚与背叛、面对社会陈规坚持自我主张的行为、受传统习俗折磨的悲剧。相较之下，家庭范围内的日常琐事似乎平淡无奇、无足挂齿。

这种忽视在某种程度上造成了障碍。当我们走进一段爱情时，并不能充分感受到家庭事务是潜在的重要导火索，是需要留心和注意的。能否在床上吃吐司，举办鸡尾酒会是时髦还是做作——我们无法确知能否理性解决这类复杂问题的最终影响有多大。

事关重大时，我们才会花费时间精力设法解决。这种心态会导致出乎意料的严重后果。面临挑战时，我们并不恐慌，因为了解自己想要做的事有难度。因此我们在面对重大问题时反而镇定得多。而那些感觉上很琐碎、很愚蠢，却在生活中占有一席之地的问题反倒会将我们推向高度应激状态。浪漫主义者对家庭生活的忽视恰恰助长了这种情绪，其后遗症是对于卧室的温度草率应付，对于该看哪个频道敷衍了事，而这些事情——经年累月——会将爱葬送。

长期高压的家庭焦虑常常围绕着看似附赘悬疣的事情而生。鸡肉怎么煮才好？浴室里该放报纸吗？说"过一分钟"就去做的事，其实八分钟后才做可以吗？每天在家喝瓶装气泡水是否太奢侈？这些问题会让人觉得，如果受其烦扰会显得有些傻。因此想要感情更稳定，通常的建议是索性不再操心这种事：我们应该不为"细节"所困。

在艺术中，我们认可小事——细节——遍布意义。同样地，家庭细节看起来琐碎，却有着重要真谛。两者的比较乍听之下有些奇怪，但家庭中激越情绪的对象与艺术作品类似：它们都在象征性的紧凑细节中凝聚复杂的意义。

说起恐慌，我们一般会联想到出现困难任务或紧急要求。这一点不太准确。真正造成恐慌的，是"没有预估到"的困难，以及未经训练或没有做好准备去接受的要求。因此，造就稳定的感情关系并不意味着一定要移除争论焦点。我们不如假设焦点存在，且处理起来必然需要花费不少时间和心思。

如果承认在同一屋檐下生活是很困难的，但也很重要、很有价值，我们就会以截然不同的态度迎接冲突。我们会争论谁去倒垃圾，谁盖大半条被子，看什么电视节目……但是争辩的本质改变了。我们未必会马上失去耐心，变得不客气。我们会勇于直陈不满——耐心地与伴侣坐下来，心平气和地聊上两个小时（甚至可以使用PPT 演示），讨论水槽、面包屑与衬衫——从而加固我们的爱情。

九 教与学

恐怕没有什么想法比教育爱人成为更好的人更不浪漫的了。然而我们将看到，接受教与学的角色，是成熟关系的基本原则之一。

长久以来，你身上可能有许多特质是你的伴侣渴望改变的。他注意到你不常给母亲打电话。他期待你在穿着上更大胆。近来他已提过三次，希望你管理好财务。他还暗示过，想要你更关心孩子们的功课，帮忙办更多聚餐。这令人不太愉快。但是话说回来，他并非独断专行：如果你对自己说老实话，他也有许多地方是你在理想中想要改变的……

这一切感觉很不对头。改造爱人的冲动好像与爱的精神背道而驰。如果双方相爱，想必绝不会谈到改变吧。爱难道不是全盘接受一个人的本来面目吗?

希望改变伴侣的想法听起来极不恰当又惹人厌烦,这是因为我们深受浪漫主义理念的影响。浪漫主义认为,爱的主要标志是有能力接受另一个人的全部,他所有的好与坏——从某种意义上说,尤其是接受坏的方面。依照浪漫主义哲学,爱一个人无非是爱他本来的样子,丝毫不愿改造他。我们必须接纳他整个人,才对得起我们宣称的感情。

在爱情里的某些时刻,有人爱护我们那些为人诟病或不被理解的地方,的确感人肺腑、令人动容。我们的弊端能引起兴趣、仁慈,甚至热望,这看起来仿佛是爱的至高证明。长久以来,我们很清楚自己有些地方可能不太招人喜欢——我们尽量避开轻蔑和批评。因此当爱人宽待这些缺陷时,我们备感兴奋。他不会嘲笑你在聚会场合里的腼腆,而是体贴地把你的语塞视作真诚的标志。他不会因为你的衣服过时而感到尴尬,在他眼里,不顾大众观点代表诚实与自信。他也不会在你宿醉时责备你喝得太多，而是揉搓你的颈部，为你泡茶并关上窗帘。

处于这样的时刻，一种极其不幸的信念围绕爱而产生：爱一个人必定代表接受他的方方面面，被爱也总是意味着一切所作所为皆受认同。在此种思想的引领下，任何改变对方的欲望必将引发不安、烦恼与强烈抵抗。它似乎证明了爱不存在，问题相当严重，应该分手……

我们不妨追溯到古希腊时期，那时有一套更可行、更成熟的理念。这种理念认为，爱首先是欣赏另一个人的优点。爱是当我们邂逅另一个人的强大、聪明、善良、诚实、机智、宽厚时所感受到的兴奋。古希腊人认为爱不是一种隐晦的感情。爱一个人不是难以言喻的奇妙化学反应。它只代表崇敬另一个人各种真正正派的、有造诣的地方。

那么，如何处理弱点、问题和不那么好的方面呢？浪漫主义要我们接纳，甚至珍惜全部。我们可以包容一部分，如果做不到这一点，爱情无法展开。但是包容到一定程度，就会达到极限。要我们非得爱一个人的一切，否则自己就是坏人，这无异于缘木求鱼。假如某个人很了解我们，他怎么可能永远不想改变我们分毫？难道我们自身不希求改变与进步吗？我们内心对自己有期许，又为何责怪他人对我们抱持同样的希望？

此时，希腊的爱之理念就成了我们迫切整顿自身所需的概念：教育。就希腊人的理念而言，我们各有欠缺，因此加深爱情的意义之一就是教授与受教。双方应将爱情视作不断进步与接受改善的机会。爱人互诉逆耳忠言并非放弃爱，而是忠于爱所做的尝试：试图让伴侣更值得爱。

我们不应该因为想要改变伴侣而抱愧，也绝不该因伴侣想改变我们而怨恨。理论上，这两种企望都是非常合理甚至必要的，而且纠正爱人的欲望完全忠实于爱的根本任务——帮助另一个人成为更好的自己。

可惜，在浪漫主义思想的支配下，我们大多成了糟糕的教师，也成了顽劣的学生。这是因为我们没有坦诚接受有想要教的东西、有需要学的地方，更不承认这是高尚的。我们反对爱人的教育体系，它本可以把批评塑造成顺耳的教导，听起来如同关切的叮咛，协助我们调整个性中棘手的一面。

而在学生的角色里，我们一见对方搬出好为人师的口吻（可能是指出我们吃饭时某件事讲得太大声了，或是提及在工作中再次出现的毛病），往往就认定自己受到了攻击与背叛，因而对教诲充耳不闻，对老师回以讥讽和挑衅。

相对地，当我们有事想要传授时，并不确定对方会不会听（经验通常会告诉我们这种情况的走向），也不确定自己有没有说话的权利，我们的教导就往往以恼怒的语气脱口而出。我们是胆怯的教师，因为我们意识到委身教育的对象是不思进取的学生，在此过程中，我们毁掉了彼此的生活（大部分学生不会像浪漫主义情境中的学生那样，对老师的生活产生巨大的影响，也因此更为优秀）。原本有机会化作谆谆教导的言语，在恐慌、担忧的"课堂"环境中变成了一串贬低对方的辱骂，咆哮而出后遭遇的是学生的反叛与怒火。我们没有像教小孩或同事那样，谨慎地采用教学技巧。在那种时候，我们懂得运用非凡智慧，一句负面评价要用十句赞美补偿，给自己留出充裕的时间……而在爱的课堂中，我们教得比往常都要糟。

不过我们不应再严苛审视这些教学中的错误尝试。我们不应将每次教导误解成对整个人的抨击，误解自己将遭到抛弃或羞辱，而应该看清本质：这样的教导虽有瑕疵，但表明那个人可能受到困扰了——纵使他尚未温文有礼地说出实情（朋友们不爱批评，不是因为他们更亲切，而是因为他们不需要烦恼。毕竟，在餐厅共处几个小时后，他们就能把我们抛在身后了）。

我们绝不应羞于教授他人或要求受教。唯一有错的是拒绝别人提供教育的机会——无论他的表达方式多么笨拙。爱应是两人互相扶持，充分发挥各自潜能，而不仅仅是一个让一切现有缺点从中寻求认同的熔炉。

十　悲观主义

我们很少注意到自己的生活被一种特别的思维习惯深深影响。我们被自己的预期打上烙印，为人处世都带着脑中深埋的印象，设想事情应如何发展。我们甚至鲜少发现自己有这种幻想。但是预期却对我们如何应对发生的事有着巨大的影响。它总是构造出我们诠释生活的方式。我们会遵循预期的思路，判断情势是喜人的，还是（更有可能）不尽如人意、有失公允的。

让我们感到愤怒的事是与预期相抵触的。有许多不称心的事并不会让我们暴怒，当一个问题已被纳入预期时，我们就绝不会丧失冷静。我们可能会难过，但不会大呼小叫。

不巧的是，我们在爱情中的预期比其他预期都更高，也因此更苦恼。关于该如何与另一个人一起生活，社会上流传着各种草率的描述。当然，我们时刻能看到周遭的爱情困境。分手、分居、离异，屡见不鲜，我们自己过往的经历也难免有悲欢离合。但是我们能力卓著，不尽信个人经验。对于爱情应有的样貌、自己的爱情最终会如何，我们依旧雄心勃勃——即使从未在身边见过实际存在的理想爱情范本。

我们会走运的，我们能凭直觉感知到。我们知道那个人存在，最终，我们会找到那个"对的人"；我们和他心心相印，乐于相伴做所有的事，相亲相爱，矢志不渝。

在我们的预期里，合适的伴侣应该经由直觉轻易了解我所关心的事。我不必向他详细解释。如果我今天不好过，不必对他说我精疲力竭，需要一点空间。他应该能知晓我的感受。他不该与我意见相左：假如我提出某个熟人有点自命不凡，他不该为那人辩护。他理应永远赞同我。当我觉得自己不够好时，他应该支持我，指出我的长处。理想的伴侣不会提太多要求。他不会时不时请我帮忙，也不会拽我去做我不喜欢的事。我们志趣相投。他会理解我对电影、食物和家庭事务的品位，并产生共鸣。

很奇怪，纵使有过相当失望的经历，我们仍未对预期失去信心。希望切实地战胜了经验。我们很容易用看似合理的想法自我安慰：这次没成功的原因不是预期过高，而是我们将预期灌注在错的人身上，我们不够般配。因此，我们没有调整关于爱情应有样貌的想法，而是把希望转移至新的目标，以便继续灌注草率高涨的希望。

有时在爱情中，你几乎很难相信问题出在爱情本身，因为具体问题明显集中于和我们在一起的那个人身上——他时常不听我们讲话，太冷淡、太碍眼……但我们相信，这不是爱的问题。要是和另一个人一起生活就不会这样，比如在会议上看到的那个人。他看起来很不错，我们就主讲者的话题进行了简短交谈。因为他脖颈的弧线、口音的抑扬顿挫等，我们便得出确凿的结论：和他在一起会更轻松。转角处可能有更好的生活等待着我们。

我们对伴侣说的话常常很骇人。我们在遗嘱中把一切留给了他，同意余生和他共享收入，但面对这个人时，我们却讲出了所能想到的最可怕的言语，绝不会想要对任何人说的言语。对待其他人，我们都是文明有礼的。我们一向对三明治餐馆的店员很亲切，我们会与同事理性地讨论问题，我们对待朋友时总是脾气很好。但是话说回来——不带任何不礼貌的意思——我们在这些方面很少抱有预期。

没有人会像我们的另一半那样令我们失望与不安——因为我们不会对其他人抱持更大的希望。我们乐观过头，才会骂他混账、白痴、懦夫。强烈的失望与沮丧来自先前投注的大量希望。这是爱的一种奇特馈赠。

想要缓解痛苦和激动情绪，我们得向不寻常的悲观主义哲学方向寻找答案。这个想法奇怪又不讨喜。悲观主义听起来毫无吸引力。它与失败相关，它通常阻碍事情有更好的发展。但是涉及爱情时，预期成了爱的敌人。

一套更节制、更合理的爱情预期中应该包含这样的想法：情侣不能很好地互相理解，这很正常，多半不可避免。每个人的性格和思想都是复杂且令人费解的。一个人行事的原因很难为他人所了解。进一步说，我们从一开始就应认为，没有哪个伴侣会完全、确切、精准地理解我们。偶尔会有一些事，伴侣了解得一清二楚，有些方面他对我们了如指掌，这就是恋爱初期如此迷人的原因。但是这些事情终究是例外，而不能是标准。只有认识到这一点，当伴侣随着爱情发展对我们的需求和偏好揣测得离谱时，我们才不会受伤。我们得假设很快就会出现这种情况——就好像某个熟人推荐一部我们讨厌的电影，我们也不会因此心存芥蒂：我们明了他不可能知情，于是根本不会为此困扰。我们将预期设定在合理的范围内。

在更明智的状态下，我们应该经常提醒自己，对方辜负爱情预期的原因是什么。

首先，与我们相处的是另一个人。

对我们来说很重要的是，我们不可能与别人一致。为什么另一个人应该与你同时感到疲倦，想吃同样的东西，喜欢同样的歌曲，有同样的审美偏好，对金钱的态度相同，对圣诞节的想法相同？幼儿要历经一连串漫长而陌生的发现，才会知道母亲是真实独立存在的个体。一开始，孩子似乎觉得母亲是与之完全统一的。但是他会逐渐意识到母亲是另一个人：孩子兴高采烈的时候，她可能在难过；孩子想要在床上跳上跳下十分钟，她可能已经累了。我们对伴侣也有类似的基本发现。伴侣不是我们的分身。

其次，关于爱情的样貌，早期的爱给我们留下了错误的印象。

成年人对爱的体验始于欣喜地发现某些惊人的一致性。你发现某个人认为你喜欢的笑话很好笑，对宽松毛衣或巴西音乐的感受与你相同，能够真正看出你为何对父亲有现在的这种看法，十分欣赏你填表时的信心或对葡萄酒的了解。你心怀迷人的希望，认为两人之间最初的美妙契合暗示了灵魂的全面融合。

爱是在某些特定的领域中发现和谐。但若继续这种预期，就注定会缓缓窒息希望。每一段爱情中必然存在大量有意见分歧的领域。你会感觉你们好像渐行渐远，在巴黎共度周末时达成的珍贵共识正被摧毁。但是这种事不应那么危言耸听——意见不合是爱情成功时发生的事，因为此时你得以近距离了解对方生活的方方面面。

任何教养都有瑕疵。家庭氛围可能过于严格或过于松懈，对金钱过分关注或对财务状况掌控不足。在情感上可能令人透不过气，或稍显冷漠疏离。可能交友广泛，也可能因缺乏自信而受到限制。从幼儿长成理智老练的成人绝非一个完美无瑕的过程。每个人都会因各种各样的理由受到伤害，情绪失常。假如一个人在童年时已学会尽可能保留真实的想法和感受，在脆弱的父母身边蹑手蹑脚，那么长大后，他在自己的爱情中就可能依然保持神秘谨慎。他因童年的境况养成了这样的风格，这种行事模式深植于心，不断延续。我们为适应往昔困境而做出的调整，都有可能成为惹恼别人的隐患。

我们常犯的错，是把缺陷看成伴侣所独有的。我们逐渐了解到对方令人生气和失望的一面——断定自己遇人不淑。我们与一个表面上看起来很可爱的人交往，他却暴露出异常的不安与缺陷。真是倒霉！真是叫人头疼的问题！因此我们四处找寻新的伴侣，想让自己最后拥有始终相信的期许，拥有无忧无虑的爱情。我们不断产生新的浪漫冲动。我们怨天尤人，唯独不怪罪自己的希望。

其实，令他人失望的原因普遍存在。爱情中的问题或许呈现出特殊性，但每个人都在很大程度上拥有这些问题。我们不需要知道在未来伴侣身上会发现什么特殊怪癖。可以确知的是，他一定会有古怪之处——有时还很严重。我们觉得正常的人，只有那些还不熟悉的人。

十一　爱与责备

　　你和伴侣在机场行李转盘前等了又等。其他人陆续推着行李离开了。不久后，只剩你们两人站在空空如也的传送带旁。行李遭遇不测的可能性越发清晰：你的箱子不见了，里面所有的衣物和重要文件都丢了。就算最后找到了行李，也一定要打无数通电话，费尽口舌解释，填写各种表格，耗费时间，坐立不安。没想到漫长的一天变得更糟了。就在这时，伴侣说，鉴于全世界同时运输着那么多行李，行李丢失的概率也不算高，真不可思议。他语带好奇和观察的意味，就像是提出季节更替假说时会用的语气。随后是一阵沉默。突然间，你意识到自己对他极其愤怒，这样的事发生在你身上，他竟然可以如此逍遥、漠然，穿着时髦休闲夹克悠悠地站在你身边，冷眼旁观。

而且，你脑中形成一套重要的逻辑：所有这些苦苦等待、丢脸、折腾，以及不得不与倒霉的航空公司人员进行的交涉，都是他的错。一切都怪他——包括此刻犹如被老虎钳夹住额叶一般的头痛。你背过身去，咕哝道："早知道这样，我根本不该同意你自私的建议，来这趟又贵又无聊的旅行。"得出这样的结论未免过于遗憾，而且也并不公平——因为你们原本想要在异国城市欢度周年纪念。并非人人都会理解或认同你所做的这种联系。毕竟，你的伴侣不在航空公司工作，行李输送与他无关，他仅仅提出了周末出行的想法，而你也表示了赞同。

我们此时面临的是一个表面上最不合理却又最常见、最重要的爱情假设：互许承诺之人，不只是你感情生活的中心，也需要在不寻常的、荒谬的甚至十分偏颇的意义上，对发生在你身上的所有事情负责——无论这些事情是好是坏。世界时时处处令我们感到苦恼、失望、沮丧、受伤。它否决我们的创造活动，无视我们晋升的愿望，奖励一些白痴，忽略我们的才华，延误火车，弄丢钥匙，把我们的行李误送到遥远的地方。而我们几乎永远无法抱怨。要弄清楚谁是真正的罪魁祸首太过困难；而且即便我们心里清楚也不能说，因为没准会丢了工作，要不就是被人说成夜郎自大或脸皮太薄。

　　我们只能将累积的委屈向一个人一一坦露，这是我们最亲近的人，最爱的人。这个特别的人领受了我们因生活不公正、不完美而积聚的满腔怒火。责备他自然是荒谬绝伦的事。我们误解了爱的运作规则。我们根本无法，也因此不会对伤害我们的元凶发怒。我们将矛头转向身边的人，确知他会包容我们的责备。于是我们生气的对象变成了周围最和善、最体贴、最忠诚的人，最不可能伤害我们的人，被我们责备阴魂不散后还最有可能不离不弃的人。我们对爱人说的怨言无疑很刺耳。但至少要记得，我们不会对世上的其他人说这些。这些言语是亲密的特殊证明，是爱的象征，有一种诡异的浪漫

（而且时常以做爱收场）。

我们对任何陌生人都言辞理性而客气，只有在由衷信任的人面前，我们才敢蛮不讲理、横行霸道。我们因伴侣而感到愤怒的原因之一，是他在我们的生命中扮演了如此深刻的角色。我们深信，一个人懂得我们内心的晦涩，他的出现能解开我们的诸多愁苦，他不可能在现实中找不到手提箱，从而无法为我们排忧解难。这种求索被混淆为施虐般缺乏关爱的表现（他似乎让我们不快乐了，我们想让他同样不快乐），须受到相当严厉的惩罚。我们夸大伴侣的力量，其实是在仿效儿童对父母的敬畏——这种仿效回荡在我们数十年的成人生活中。我们责备伴侣时，想起的是往昔深爱父母时的感受，他们能毫不费力地把我们高高举起，他们无所不知，他们能把走丢的小兔子找回来，他们总是握着机票和护照，他们确保冰箱里永远有吃的，他们主宰世界……我们爱上的伴侣承接了这些美丽、浪漫、危险而不公的信任，那是我们童年时曾寄予父母的信任。在某种层面上，爱人懂得如何抚慰我们心里那个焦虑的小孩——这是我们爱他的原因。但这种力量的源头也带来一些非常严重的问题，我们内心原始的那一部分始终坚持对他的过分信任，相信他对生活的掌控，远远大于他所能做到的。

因此反过来，当伴侣情绪爆发时，我们应该努力记住（虽然这很难），他的非难固然可怕，但实际上反映出很好的事：我们对这个人而言十分重要，他深深依赖我们，并且从这种依赖中汲取能量，面对世界每天施加给他的屈辱。

不理性的责备本质上只是对另一个人感情投入的征象。我们攻击爱人，是因为将最深的梦想与焦虑和他紧密缠绕在一起；是因为我们和他亲密无间，是他让我们进入排斥了其他人的私密的紊乱与痛苦。这是爱的馈赠，不寻常，令人不快，但平心而论，它不啻为一种荣幸。

十二　礼貌与秘密

多年来，你背负着许多想法、感受与意见，它们对别人而言意义不大。有时候你怀疑自己疯了。有些你不喜欢的人在其他人眼中却很棒，因此你缄口不言。你在社交场合中变得焦虑不安，其他人却看上去轻松愉快。你很想在床笫之间做些新的尝试，却羞于启齿，哪怕对最好的朋友也不敢提及。为了讨人喜爱，你学会了保守秘密。

后来，你遇到了一个很特别的人。他是如此特别，以至于你在他身边时终于不必掩饰自己。你可以承认一些重要的事。你坦白并分享最深的自我，也能得到回应。这是恋情最初几个月里你最爱的游戏。你鼓励自己尽可能地深入内心。越深的秘密越好。好像心里没什么地方是不可探查的，没什么秘密是太过惊人或露骨的。你可以明说，觉得双方都认识的某个人傲慢、自恋又刻薄，或者你认为某部所谓的"名著"非常无聊。你可以坦承自己做爱时喜欢扯头发，绳子一直都令你兴奋。在这种全新的诚实的可能性中，爱似乎油然而生。往日的禁忌转变为振奋人心的亲密。诚实的慰藉是恋爱感受的核心。每一对新的恋人皆因彼此密约之感而对世间其他人感到一丝怜悯。但是互诉秘密在我们的思想——以及集体文化——中树立起一个强大却存有潜在问题的理想：如果两人相爱，他们必须始终告诉对方一切真相。

于是，不可避免的危机来临了。你在一家餐厅里，同坐的是你的爱人——接触你内心深处一切信念的特别之人。凭借独有的自信与信任——本着不再有秘密的精神——你提到那位在角落餐桌旁独自看书的迷人顾客让你有点兴奋。然而这一次，没有会心的微笑，没有腼腆而明确的共识，没有热切探身、耳语确认。只有微微苦恼、疑惑的神情，它来自你的伴侣，那个迄今为止接受你每个秘密的可信之人。

我们就此遭遇了现代人对爱的理解中存在的根本矛盾。保守秘密看起来像是对爱情的背叛。同时，彻底的真实又似乎终会将恋情置于死地。

诚实的概念是可贵的。它描绘出一幅关于两人该如何相处的动人图景，且在交往的最初几个月里，它也一直存在。但问题在于，随着感情发展，我们希望继续提出同样的要求。然而，为了体贴，为了维持感情，我们最终还是有必要掩饰许多想法。

我们可能太在意造成隐瞒的不当理由了，没有认识到出于一些正当的理由，真正的忠诚也可能偶尔导致说出口的话远远少于全部真相。我们将诚实铭刻于心，却忘了礼貌的美德。"礼貌"这个词的定义并非损人利己地隐藏重要信息，而是竭力不让对方与你本性中真实却伤人的一面产生摩擦。

归根结底，时刻展现完全的自我，并不是什么体贴的表现。压抑——某种程度上的克制，尽力修饰表态的言辞——与直言不讳一样，同属于爱。藏不住秘密的人，在"诚实"的名义下分享一些很伤感情、令人难以忘却的信息，对爱无所助益。正如父母都不会对孩子讲述全部真相一样，我们也应该接受，需要持续对完整事实加以修饰。

如果一个人怀疑（在良好的感情中理应经常怀疑）伴侣也在欺瞒（对于他的想法、如何评价另一半的工作、昨晚的去向等说了谎），或许最好不要大动干戈，像个尖锐、无情的审讯人一般痛斥他——无论这种渴望有多么强烈。假装根本没有发现，可能更体贴、更明智，也更接近真正的爱的精神。

我们应当学习外交的艺术，不必阐明心中所想，不去做希望做的事，以达到更高、更深谋远虑的目标。我们应当记住，那些矛盾的、感情用事的、荷尔蒙的力量会不断将我们拖往疯狂而不定的四面八方。放任其中任何一股力量，都有湮灭有序生活的可能。如果我们无法忍受，至少是在某些时候无法忍受内在的不满与外在的不真实，沉浸在那些心血来潮的想法——诸如送走孩子、结束婚姻、和陌生人发生性关系——中时，就永远无法达成更长远的目标。我们的种种情感被赋予了过重的分量，任由它们成为指引我们生活的北极星。我们是混乱的化学命题，急需在短暂的理性中找寻赖以遵循的基本原则。我们应当感激外部环境时常有别于内心感想。这也许表明我们正走在正轨上。

十三　解释疯狂

　　浪漫主义爱情观提出这样的理念：适合的人能够凭借直觉，对彼此有深刻而准确的了解。因此，浪漫主义态度将一个人的行为、感受和思考的理由都边缘化了。一个人的伴侣应当对所有重要事情心知肚明。

　　但是有另一种或许更为有益的态度可供采纳。这种态度指出，每个人都是神秘莫测的（于己于人皆如此），而且在许多方面非常古怪、失常而有趣，用"疯狂"一词来概括我们的天性再恰当不过。这一理论认为，我们能够为另一个人做的最仁慈的事，就是在任何冲突和误解发生之前，用耐心和想象力阐释自己特有的失常与困境。在更开明的状况下，一对情侣在交往早期约会吃饭时，应该提出一个问题，且得到清清楚楚、开诚布公的回答："你的疯狂之处在哪里？"

成功的爱情总是需要投入大量解释。这不是因为我们奇怪，而是每个人细看之下都会显露出令人费解的乖戾。我们有晦涩难懂的偏好、欲望、倾向、热情、思维习惯和心理状态。创伤、兴奋、恐惧、影响、机遇、不幸、才华与弱点，种种因素发生奇妙的相互作用，最终塑造了今天的我们。

不过，如果全面地去理解我们的疯狂之处，就会发现它们实际上不糟糕也不卑劣。它们只是不同寻常，不符合一个成年人在正常情况下应有的形象。宽容审视之下，它们显然并非卑鄙或残忍。因此，我们的首要任务是尽己所能帮助伴侣理解我们。与其隐藏自身的古怪，不如积极将其指出（尽早为好，而且这一点在任何时候都很重要）。我们应该承认自己有些方面相当怪异，认识到在取得充分了解之前，这种怪异可能会令人惊惶。用有益的方式向伴侣解释我们奇怪的恐惧和欲望，应该被视作任何一段爱情中必不可少的、表达真爱的一部分。想要伴侣容忍我们，不需要完全的理智，只需要和和气气、不怀敌意地递上标明自己失常位置的精确地图。

一定程度上的自嘲是自我化解烦恼的核心机制，它与爱情真正的敌人——自以为是——截然相反。幽默预演了一种可取而有用的态度转变，喜剧里总是充满了看似狰狞、恐怖、邪恶的人物，但我们渐渐喜欢上这些人物，只因他们展示出独具魅力的小毛病。巴兹尔·弗尔蒂[1]在现实生活中会是个麻烦的丈夫，但在约翰·克利斯的喜剧中，他不仅是一副白痴模样，看起来更是个容易让人接受的角色——一个可爱的傻瓜。我们认识到他的缺陷的同时，也看到了一些很讨人喜欢的特质。我们在现实生活中可能会咒骂这样一个人，但这部戏会让我们真正喜欢上他；这部戏让我们尝试不同寻常的体验，接受一个是疯子，同时又很不错的人。克利斯扮演的角色狡猾、自私、卑鄙、口无遮拦、势利、粗鲁，但我们

---

[1] 英国广播公司情景喜剧《弗尔蒂旅馆》（*Fawlty Towers*）中的主角，由英国演员、编剧约翰·克利斯自编自演，这一角色在剧中笨手笨脚且极度老派。

喜欢他。这是喜剧团队一项了不起的成就——我们借此预演的改变，也是对待伴侣时所需的；恋爱双方若能彼此改观，不再认为对方是气人的白痴，而把他看作可爱的傻瓜，那么爱情就会往前迈进一大步。

在这个意义上，喜剧发扬了最初由耶稣基督勾勒的想法。基督教提出这样一种观念，认为一个人可以社会地位低下、其貌不扬、目不识丁，却完全值得爱与关怀。耶稣树立了榜样，他爱那些可谓非常不起眼的人，而且从特定角度来看，几乎所有人都是愚人。问题在于我们是认为愚笨会招致嘲笑和轻视，还是将它视为与怜爱和温情——实际上是与爱——完全相容之物。

说一位同事有点像戴维·布伦特[1]，并不只是表明他冒失、不牢靠。我们也在重新定义这些缺点，因为戴维·布伦特对我们来说很亲切。我们看到他的脆弱，而不仅仅是愚蠢。我们明白他是因为担心自己不受喜爱和

---

[1] 英国广播公司仿纪录片《办公室》（*The Office*）中的主角。

尊重才做出那些尴尬透顶的事，让观众看得捧腹。拉里·戴维[1]的角色总是在生气和谩骂。他对侍应出奇地粗鲁、好辩；他和干洗店里的人激烈争吵；他告诉朋友对他们伴侣的看法；就算时机极为不妥，他也会直抒己见。同时，他又非常迷人。他是位成功人士，笑容和蔼，也很亲切。因此我们将这位"暴躁的老先生"重新定义为"迷人、魅力十足，却也时常很粗鲁的老先生"。这种喜剧的转变引导我们善意认知他人，从而也认知具有同样讨厌潜在特征的自己和身边人。

众多喜剧的核心是精彩的解释行为。创作者们锁定一个通常看起来令人厌恶的怪人，再引导我们去发现，未必要用固有的眼光看待此人。他们没有掩盖或谴责人物的怪异之处，而是在人类天性恼人的缺陷中，探索持续爱的可能。在关键时刻，为了维系爱情，我们也得把伟大喜剧创作团队的基本观念善用起来。

---

[1]　美国情景喜剧《抑制热情》（*Curb Your Enthusiasm*）中的主角。

十四　刻意的交谈

　　人们普遍认为，想要爱情茁壮成长，交谈至关重要。但我们的文化时常曲解交谈的内涵。我们往往采取浪漫主义的态度，认为理想的情侣能够凭借直觉彼此了解，交谈应是自发而流畅的。若施以规矩，按部就班，或是上一堂"如何与伴侣说话"的课程，未免太过冷漠生硬。

　　事实上，在这方面花些心思是很正常的。我们时常陷入忧郁的沉默，回避棘手问题，在紧要关头产生分歧。与恋人谈话困难的一个特别鲜明的迹象，是容易生闷气。本质上，生闷气是在极愤怒的同时，又极不愿交流愤怒的原因：既迫切希望对方理解，又决意不解释清楚。这经常发生，这种迹象告诉我们，爱情中良好的沟通可能很难把握，远非简单自然之事。

　　良好沟通意味着有能力向对方准确描绘情感与心理生活中发生的事——尤其是有能力以他人听得懂，甚至能产生共鸣的方式讲述自己最黑暗、最微妙、最难堪的一面。善于沟通的人会娴熟运用及时、可靠、温和的方法，带领心爱之人走进他们个性中最微妙的区域（像灾区的向导一般），提醒爱人那里存在的问题，解释疑难之处。他们的方法不会让心爱的人受惊，而是能让爱人事先有所准备，逐步理解，或许会原谅并接受。

　　我们并非天生擅长这种交谈，因为心里有太多东西无法面对，它会让你感到羞愧或难以理解。面对一个我们想要维持感情的观察者，我们无从向他理智地呈现内心。也许你在网上浪费了一整天时间。也许你朝三暮四，容易被其他人吸引。也许你眼红一个工作无往不利的同事，妒火中烧。也许你为去年做的某些糊涂决定悔恨不已（因为你渴求掌声）。也许对未来的恐惧令你默认：一切都会变糟的。完了。人生只有一次，而你毁了它。我们心里的事如此可怕，理不出头绪，因此无法每天对伴侣敞开心扉，让他平静宽容地了解这些事。

认识到双方缺乏清晰的表达后，可能需要一定程度上的刻意交流，这绝非对爱情的侮辱。我们在愤怒、有看似奇怪的欲望以及需要安全感（当感觉自己不配拥有它时，往往会出现这种状况）时，会尤为强烈地感到需要帮助。如果我们意识到有必要学习如何筹划在先、目的明确地与伴侣谈话，也不应感到自己失败、愚钝、呆板或无所顾忌。我们只是在摆脱浪漫主义偏见。

刻意交谈听起来或许是个奇怪的想法。但它有意制定一套议题，将一些有用的举措和规则付诸实践。

比方说，与伴侣共进晚餐时，我们可以循序渐进地问完一系列困难而重要的问题，而这些问题，我们在以前可能会搁置或无从说起：

——在这段感情中，你最想被赞美的是什么？

——你认为自己个性中的哪一点特别好？

——你希望别人宽容对待你的哪些缺点？

——关于爱，你有什么想要告诉年轻的自己的？

——你认为我对你的哪些看法是错的？

——你希望我为哪件事道歉？

——我能不能也请你为一件事道歉？

——我是如何令你失望的？

——你想要改变我什么？

——假如我神奇地得到了一个可以改变你的机会，你猜我会改变什么？

——如果可以自己写一份床笫之私说明书，你会写什么内容？（双方各拿一张纸，写下三件做爱时想尝试的事，然后互换草稿。）

另一件可以和伴侣一起做的事，是补完这些关于对彼此感受的句子——注意要快速填完，不费心思考。完成的句子当然不是最终声明，但它有助于将难解的心事摊在阳光下，以供全面检视。

我厌恶……

令我困惑的是……

令我受伤的是……

我后悔……

我担心……

令我沮丧的是……

能让我更快乐的是……

我想要……

我欣赏……

我希望……

我非常想要你理解……

尽管有些内容必定会造成尴尬，但刻意交流的部分意义就在于事先同意不会因对方说的话而发怒。这个想法的目的是制造一次机会，让情侣得以仔细观察彼此关系中真正难解的一面。有益的背景假设是，如果没有各自的许多痛处，我们就无法拥有亲密关系。我们不应对彼此有丝毫怒气。我们应尽量了解发生了什么。

我们也可以尝试练习填充一些因果关系的句子：

当我在感情中焦虑时，往往会……

你的回应往往是……这令我……

争执时，表面上我表现得……心里却觉得……

我越……你就越……然后我更……

这么做是试图确认情绪反复出现的前因后果，不是为了证实与谴责，而是为了理解。这种刻意交谈的前提是交谈期间谁也不受责备。我们只是学着去注意互动方式上的一些问题。

我们无力让对方知晓、原谅并接受真正的自己，才使得爱情搁浅。我们不应假设如果出现分歧，交谈机会就浪费了。我们必须有能力说出某些令人厌烦的事，从而恢复温柔与信任的能力。这些特别的智慧与任务都是定期进行更刻意、有条理、无保留的交谈所必需的。

十五 一见钟情

　　你在会议上被介绍给某人认识。他看起来很不错，你们就主讲者的话题进行了简短交流。然而因为他好看的西装、口音的抑扬顿挫等，你已得出了确凿的结论。也可能，你坐在车厢里，斜对面有一个人，在天色渐暗的乡野间，在余下数英里的旅途中，你的视线再也无法从他身上移开。你对他的具体情况一无所知，仅凭外表做出判断。你注意到他将一根手指伸进书里，指甲被咬得参差不齐，左手腕上系着一条细细的皮绳，眯缝起眼睛看门上的地图。这足以使你确信。又一天，你走出超市，在人群中瞥见了一张脸，你看了不出八秒，却又一次感到同样无法抑制的肯定——但随后，你苦乐参半地目送他消失在茫茫人海中。

有些人常会一见钟情，每个人也或多或少都有这种情愫。在机场、火车上、街道边、会议上——在现代生活的推动下，我们总是在和陌生人短暂接触，并从中选出几个典型。在我们眼中，他们不仅有趣，还有更大的力量，能够拯救我们的生活。一见钟情，是现代人对爱的理解的核心。它可能看似一段本质滑稽的小插曲，偶尔还很荒诞。它看似爱之星座中的小行星，实际却是隐秘的中心太阳，我们的浪漫概念围绕着它而旋转。

　　一见钟情以纯粹完美的形式代表了浪漫主义哲学的力量：有限的了解、阻止进一步发现的外在障碍以及无穷的希望之间爆发性的相互作用。

　　一见钟情揭示出我们多么乐意管中窥豹。我们从眉弓看人的个性。一个人站着听同事讲话时把重心放在右腿，我们便将此视作机智独立思考的迹象。或是他低头的方式证明了复杂的羞怯与敏感。从仅有的几条线索中，你预见多年的幸福，为深刻的共鸣所鼓舞。他会完全理解：即使你和母亲相处不睦，你还是很爱她；即使

亨利·马蒂斯《蓬帕杜尔夫人》，一九五一年。

你看上去心不在焉，你还是很努力；你是受伤，而不是生气。你性格中迷惑、困扰他人的部分最终得到了一个抚慰人心的、明智成熟的灵魂伴侣的理解。

从几处微小但令人浮想联翩的细节推知完整个性，这种对一个人内在性格的阐释，正如我们在看脸部速写时的自然反应。

我们不会把上一页亨利·马蒂斯的《蓬帕杜尔夫人》看成一个没有鼻孔、没有睫毛、长着八绺头发的人。我们在不知不觉中填补了缺失的部分。大脑已预备好接受细小的视觉暗示，并从中构建完整的图像——看性格时，我们做的也是同样的事。我们是积习甚深，远超过自我认知的阐释艺术家。我们已逐渐习惯基于有限的证据——比如对方看我们的眼神、站姿、嘴唇的抽搐、肩膀的轻微抖动——快速判定他人（信任或抗拒，斗争或接纳，分享或排斥），我们运用这种决定性的巧妙才能抵御危险，也同样将其用于爱情。

嘲讽的声音想要宣告，这些在会议上、火车上、大街上或超市里产生的热情想象不过是错觉而已，我们只是把虚假的、完全虚构的身份概念投射到一个无辜的陌生人身上。但这种说法过于笼统。我们或许没错。站姿歪斜或许真的代表抱持强烈的怀疑态度，侧倾脑袋或许常代表对别人的毛病很宽容。一见钟情的错误可算细微。我们错在一旦发现一串真正的优点，就如此轻易草率地得出了一个天真烂漫的结论：火车过道或人行道对面的那个人构成了我们内心情感需求的完整解答。

一见钟情的主要错误在于忽视了一个共性，它不是某些具体的例子，而是人的普遍特性：熟悉之后，每个人都会暴露一些很严重的缺陷，以至于一见钟情释放的无限欢喜最终成了笑料。我们还无法知道会出什么问题，但可以也应该确定问题是存在的，它们潜伏在外表背后，等待展现的时机。

为何能如此肯定？因为现实生活已经扭曲了我们所有的天性。我们没有人能毫发无伤地度过一生。我们有太多的恐惧：死亡、失去、依赖、遗弃、毁坏、羞辱、屈从。所有人都很脆弱，没有足够的能力应对健全精神所遭遇的挑战：我们缺乏勇气、准备、自信和智慧。我们没有正确的榜样，我们的教养（必然）不完美，我们争吵而不解释，我们唠叨而不教导，我们烦躁却不去分析烦心事，我们的安全感岌岌可危，我们不能很好地理解自己和他人，我们对真相没有兴趣，为致命弱点所累，只听得进溢美之言。艰险的现实生活中全无可能出现完人。恐惧与脆弱以千百种方式影响着我们，使我们心存戒备或争强好胜，虚华或忸怩，太过黏人或面临社交恐惧——但是可以肯定，它们会让所有人远离完美，且有时很难相处。

在明白这一点之前，我们在任何情形下都无须去了解某个人。当然，每个人独有的缺点（虽然讨厌）不是一目了然的，它可能会长期隐藏。如果只在相当有限的一段时间内与另一个人相遇（一趟火车旅程，而非目睹他把幼童安置于汽车座椅的过程；一次会议，而非随他陪同年迈的父亲购物八十七分钟），我们就可能在很长一段时间内（特别是当他不回电话或保持距离时，我们独自一人将热情转化为痴迷），喜滋滋地以为自己邂逅了天使。

成熟并不意味着放弃一见钟情，只代表我们最终放弃了固有的浪漫主义观念。二百五十年以来，西方社会对爱情与婚姻的理解都基于一种观念，即能够解答我们所有需求、满足我们所有渴望的那个人是存在的。我们需要将浪漫眼光转换为悲剧意识，认为每个人都必定会令我们沮丧、愤怒、烦恼、发狂或失望——我们（不带恶意地）对他们也一样。我们的空虚与不完整感永无止境。这是刻在人生剧本上不可磨灭的真理。因此，选择委身于何人仅仅是确定自己最甘愿蒙受哪一种苦难，而不是希望找到机会奇迹般地逃离痛苦。

我们应当乐于一见钟情。它透露出我们欣赏哪些特质，需要在生活中增添哪些特质。火车上的那个人眼中的确有极其诱人的自谦神情。水果柜台边瞥见的那个人确实有望成为温柔优秀的父亲（母亲）。但同样重要的是，这些特点也一定会在关键领域里破坏我们的生活，就像我们爱的所有人一样。

十六　性不解放

　　我们不断得到这样的讯息：我们生活在性观念开放的时代，生活在解放的时代。这也暗示我们应该将性视为一件单纯、不麻烦的事。毕竟我们不是维多利亚时代的人，也不会对性大惊小怪。

　　关于我们从过去禁忌中解脱出来的典型说法是这样的：数千年时间里，在宗教偏见与迂腐社会习俗的残酷压迫下，世界各地的人无端为性的困惑与内疚所折磨。人们以为自慰会导致断手，相信窥视别人的脚踝就可能被丢进油桶里烧死。他们对勃起或阴蒂毫无头绪。他们很不可理喻。

　　后来，从第一次世界大战和人类第一颗人造卫星斯普特尼克一号发射之间的某个时候起，情况有了好转。人们终于开始穿比基尼，承认自慰，能够与人谈及口交，开始观看色情电影，能够非常自在地面对性的话题——而这一话题在人类历史中的大部分时期，都几乎会毫无缘由地带来小题大做的心理挫折。我们难以想象先人是如何提心吊胆的。性渐渐被视为一种有益身心、能够让人恢复活力的消遣，有点像网球运动，也完全适合孩子熟睡后的中产阶级家庭。

无论怎样美化现代观念，这种对开明与进步的描述，还是轻巧地回避了一个不可动摇的事实：对于性，我们仍然感到矛盾、尴尬、羞怯与异样。性与爱不轻易协调，性一如既往是困难的课题，而令问题越发复杂的是：性本该简简单单。

现实中，没有人以我们应有的愉快、豁达、从容、健康、忠诚和沉着来看待性。除了某些扭曲至极的"理想"常态外，人人都用异样的眼光看它。要是希望给别人留下好感，我们会惧怕说出有关于性的大部分实情。恋爱双方更是本能地时刻将欲望和偏好藏藏掖掖，担心引起伴侣难堪的厌恶。在被爱与诚实之间，我们多数时候会选择前者。而性兴趣却因此烦扰我们，挥之不去。我们受其折磨，又觉得有些话到死也不说，人生会更轻松。

当务之急显而易见：找到方式告诉自己，也告诉伴侣实情，交流彼此真正的性爱需求（而不引发灾难性的恐慌、怒火与担忧）。

解决两难困境的关键是如何在表现得体的同时，诚实面对性欲。恪守常态很重要，也很感人。它意味着我们（至少非常努力地）体现耐心、温柔、体贴、民主与智慧，一心以尊重与忠诚对待他人。

然而我们的性幻想总是不愿屈服于常规。

我们必须忍受这种尖锐的分裂，这是浪漫主义直接造成的后果。浪漫主义乐观地坚称，性可以是与爱完美调和的一股美丽、健康而自然的力量。它或许时而激昂，本质却是对一个人亲切、温柔、体贴、充满爱意。这听来迷人，偶尔也符合事实。但悲哀的是，它忽略了性兴奋的某些要素，不免让我们对大部分需求深感尴尬。此处仅列举一些活跃于我们脑中，却令人难以接受的事实：

——无论多么爱一个人，一段时间后，我们很少能保持只对他有"性趣"。

——深爱伴侣，又时常想同陌生人发生性关系，这完全有可能，而且那些人往往没什么特别值得称道之处。

——一个人可以是善良、正经又民主的，同时又想鞭笞、痛打、羞辱性伴侣，或者想承受粗暴对待。

——双性恋和乱伦的幻想都十分正常，幻想探索极端的禁忌，包括非法、暴力、有害、不卫生的场景也很正常。

——比起爱的人，一个我们不喜欢或没感觉的人更易引发兴奋。

这些不只是令人好奇之事。它们是性人格的基础，与社会公认的一切事实形成鲜明对比。性高潮过后，许多正派的人可能因需要急剧转变价值体系而感到紧张。

尽管我们尽全力清除性的古怪，但它仍不可能按照我们希望的那样变得正派。它基本上不是民主与善良的，而是与残酷、不忠、罪过以及对征服和羞辱的欲望息息相关。它不愿随我们的心愿，规矩地立于爱情之上。虽然可以尝试驯服性，但我们的欲望依然与许多最高尚的承诺及价值有着荒唐而不可调和的矛盾。

必须承认，无论我们怎样巧言令色、沾沾自喜，性解放从未实现。对性解放的正确理解不只是能够穿上比基尼。我们仍旧受缚、恐惧、羞愧——几乎别无选择，只能为了爱而自欺欺人。真正的解放仍是摆在我们面前的挑战，我们仍须耐心地鼓起勇气承认欲望的本质，学着用前所未有的诚实与爱人谈谈心中的想法——或许（在这些文字的帮助下），就从今晚开始……

十七　忠贞与风流

　　长久的爱情几乎难免让我们尴尬地陷入关于性的两难境地。一方面，单配偶制感觉上是一种非常可取的默认状态，它受到社群、宗教、媒体、子女及浪漫主义理念的认可。它维系亲密感情，促进融洽关系，抵御嫉妒与混乱。与此同时，性探索又时常难掩其引人入胜的特质，服从某些根深蒂固的生理驱动，伴随着因打破常规、第一次亲吻陌生人、暂时不受任何实际问题或烦心的情感羁绊而产生的强烈喜悦。

　　不难理解，这一困境促使人们寻求一种可以被巧妙地称为"答案"的方法，以调和我们个性中对立却十分必要的两个方面。在历史长河中，单配偶制的哲学有很高的地位，也似乎已解决了上述问题。它受到神的认可与社会的巩固：好人不会"走上歧途"。而近来，伴随着令人陶醉的流行歌词、节日、夜总会以及更暴露的服装，自由而多元的爱情步入视野，作为无成本的选择，这样的爱情可以让我们同时体验探索与安全的乐趣。

我们可以在理论上区分出两类特征鲜明的人——姑且称为忠贞者与风流者，他们分别代表了单配偶制与爱情探索在两性关系中的极端观点。在忠贞者看来，爱与性密切相关，因此（无论自己还是伴侣）与第三者之间有任何逾矩行为必定预示着爱的灭亡。向伴侣表白爱意的同时，又希望和第三人发生性关系，这是完全不可能的。但另一方面，对风流者而言，性与爱是截然不同的概念，两者只有偶然、部分的联系。一段（或一连串）风流韵事根本无法说明一个人是否爱他的伴侣——也无法说明就是不爱。

风流者和忠贞者各自抱持一些重要的想法。风流者明白，在婚姻中保持绝对忠诚是不可能的，因此也不会错失夫妻生活之外的某些重大乐趣。风流者对感官刺激的诱惑十分敏感：另一个人的笑声或适时的讽刺，初次亲吻，新的裸体——在风流者的认知里，每一次的精彩瞬间独具特色，和更具社会声望的作品，比如阿尔罕布拉宫[1]的瓷砖或巴赫的《b小调弥撒曲》一样值得尊崇。

我们在享乐主义的自由时代里长大成人，体验过夜总会和水上乐园的汗水与兴奋，沉浸在表现欲望的影像和表达渴望、狂喜的歌曲中，然后某一天，在一纸证书的命令下，人们宣布放弃所有进一步的性探索，没有特定的神的名义，也没有更高的指令，只有未经考证的假设，说一切性探索错误至极。风流者认为，这是相当不正常的。

风流者指出了似乎存在于我们集体价值体系中的深刻的不合理性。通常情况下，通奸是引来愤怒的避雷针——走上歧途的那个人总是该受到责备。但是风流者问，比起和伴侣以外的人睡觉，其他不那么明显的背

---

[1] 位于西班牙南部城市格拉纳达的古代宫殿，为原格拉纳达摩尔人国王所建，现为文化博物馆，一九八四年入选联合国教科文组织世界文化遗产名录。

叛方式就不存在吗？不愿倾听，忘记进步与魅力，或者更普遍、更无可非议地，只是故步自封。有可能"受害者"并不强迫他们风流的"背叛者"说抱歉，反倒先被要求道歉，为迫使他们的伴侣撒谎而道歉，因为他们把诚实的标准设得如此之高，而这并非出于什么高尚的信条，仅出于伪装成道德标准的嫉妒与不安全感。风流者的愤慨不无道理，因为浪漫主义让我们误以为，我们对性、爱和家庭的需求通过一份便利（且重要）的合约结合在一起，是绝对有可能的。

忠贞者充分重视人心的脆弱。他们认识到爱情关系需要大量合作以及伴随而来的安全感——逾矩行为会不可避免地对此造成打击。很难想象一个人的伴侣被第三者的双眼魅惑，陶醉于他头发的触感，在床上拥抱他，而不深感被拒绝、被剥夺、被抛弃。将性比作网球或曲棍球般无害的共同活动，这种完全理性的论点未能理解性在人们内心生活中的特殊地位，也忽略了这样一个事实，即与背叛所释放的情感洋流相比，带着娱乐性质的逻辑几乎毫无力量可言。忠贞者清楚地知道重大隐瞒的腐蚀作用。他们也明白，对孩子而言，父母在一起可以起到强大的安抚作用，而这种作用只有在面临巨大风险时才会受到干扰。

风流者与忠贞者各自立场的核心有一个共同的错误，即他们相信自己是正确的，爱情只有建立在他们那一方的人生观上，双方的幸福才会随之而来。但令人痛苦的是，这两种途径都可以说是灾难性的。要求忠诚确实也意味着失去和一群妙趣无穷，且本能带来活力与价值的人相遇的机会。单配偶制有时的确令人恼火且感到窒息。但尽管不忠有其迷人之处，它却损害了信任与安全感，而此二者对爱情关系的运作以及下一代的精神健康至关重要。

如果所谓的"答案"是一种无成本的解决方案，任何一方都不遭受损失，每一种积极因素都能与其他因素共存，并且双方都不造成或蒙受伤害，那么同样令人痛苦的是，风流与忠贞的两难困境并没有得到解决。双方都有智慧，因此双方都包含损失。

从某种意义上说，只有一种答案，可以称其为"忧郁的立场"，因为它直面可悲的事实：在人类生活的某些关键领域里，根本没有良好的解决方法。假如从一开始就接纳"忧郁的立场"，为了真正有可能一生保持互相忠诚，我们需要与伴侣交换新的、更悲哀的婚礼誓词。那种比通常的陈词滥调更谨慎、更消极的誓词才合适。例如："我保证因你且只因你而失望。我保证只在你那里存放我的遗憾，而不通过多次婚外情和终身风流的唐璜主义[1]来排解遗憾。我已调查过不幸福的各种选择，而在其中选择对你忠实。"夫妻应该在圣坛上彼此许下类似的诺言，消极却宽厚，毫不浪漫却充满善意。

我们可以提醒自己，与选择有关的忧郁并不单单是两性关系中才有的反常现象，它是人生境况中不断出现的基本要求。十九世纪丹麦哲学家索伦·克尔凯郭尔

---

[1] 唐璜最早出自《塞维利亚的嘲弄者》一书。莫里哀的讽刺喜剧《唐璜》和拜伦的长诗《唐璜》的灵感都来源于此。在当代社会，唐璜多用来代指好色之徒。

（Søren Kierkegaard）在其著作《非此即彼》中，以著名的黑色幽默般的慷慨陈词为这种忧郁做了最为清晰的表述：

> 结婚，你会后悔；不结婚，你也会后悔；结婚或者不结婚，两者你都会后悔。去为世界的各种荒唐而笑，你会后悔；为它们而哭，你也会后悔……吊死你自己，你会后悔；不吊死你自己，你也会后悔；吊死你自己或者不吊死你自己，两者你都会后悔；要么你吊死你自己，要么你不吊死你自己，两者你都会后悔。这个道理，我的先生们，是所有生活智慧的精粹。

重要的是在人生许多最深刻的主题中，我们完全没有通往幸福之路的理想选择。正因为如此，忠诚存在时，理应作为绝佳的道德想象获得表彰——最好能敲锣打鼓地授予它一些奖章，而不是被贬作不起眼的默认态度，遭到一次外遇的破坏就迅速引发灾难性的暴怒。自律的风流者应受嘉奖，因为他们虽了解其他人强烈而真实的吸引力以及冒险的无穷刺激，却凭借内心的伟大牺牲克制了自己。他们宽厚的真相也许永远不会为伴侣所知，但这是为双方共同利益做出的重大牺牲。

在一段忠诚的婚姻中，夫妻应当时刻意识到双方设法不与人厮混（并且抑制互相残杀的冲动）而表现出的无尽忍耐和悲观、坚忍的宽容。这才是令人乐观的地方。

十八　独身生活与种种结局

　　浪漫主义的一种更特殊的影响是贬损独身生活，将其定义为自觉自愿摒弃长期恋爱关系的行为。在人类历史的大部分时期中都有这样的共识，认为婚姻生活不可能适合所有人。一个人或许对工作太投入，或许对孩子没有兴趣，或许需要大量时间独处，或许在人群中会变得暴躁，或许喜欢在爱的结合之外表达性欲——简言之，他知道自己最好的一面无法通过家庭或婚姻生活展现出来。这无伤大雅。

　　惠特比的圣希尔达是英格兰早期历史上最具影响力、最有成就的女性之一。她是资深的管理者，经营着大型农场，还为国王和王子在治理方面出谋划策。她也是卓越的教育家。不仅如此，她还以性情温良闻名。她终身未婚，这并非因为她是修女，不得结婚，也不是因为没有家庭生活的支持，只好全力把握工作机会。正确的答案恰恰相反。她能够取得辉煌的事业成就，为社群做出诸多贡献，正是因为她没有婚恋关系及家庭生活的负累。她的修女身份意味着拥有高效的集体生活——有人为她做饭、洗衣、供暖，她不必亲自打理一切。

这是一种持续数百年之久，在某些知识、管理、文化工作中行之有效的方法。一九〇〇年，英国学术界还几乎是未婚人士的天下，他们住在学院里，享用公共膳食，由大学提供洗衣服务——他们与工作私订终身。如果他们想要在八分钟内狼吞虎咽吃完晚餐，然后一直工作到凌晨一点，没有人会抱怨。教授们成果颇丰。

上述观点认为，某些类型的工作需要如此巨大的努力和不断的投入，在人们的观念中占据着如此重要的位置，我们实在不应把它们和爱情、家庭、料理家事的责任捆绑在一起。为了妥善地工作，我们应该生活在井然有序的团体（如修道院或学院）中，保持单身，主要与从事同类工作的人交往，因为他们会理解我们，知道如何为我们提供有针对性的帮助。

但是浪漫主义渐渐使这些独身的选择显得奇怪。它将保持单身的决定归为病态，从而确立了许多不幸的婚恋关系。有些人不适合与人共同生活，又找不到单身以外的替代方案时，就会步入这样的关系。在长期的两性结合中与特别的另一半保持亲密——浪漫主义使这样的想法成为至高无上的人生意义，不知不觉中贬损了其他生活方式，比如投身学术、科学、艺术、政治、宗教，或者单纯一生与各种人发生性关系，而从朋友那里寻得长期的感情慰藉。

如今，任何独居且不表现出渴望婚恋关系的人，都几乎自动（虽然或多或少在暗地里）被视为深陷困境的可怜人。人们认为不可能有孑然一身的正常人。

这会让我们面临集体困境，因为它意味着有很多人天生没有意愿，本质上也极不适合与他人共同生活，却因羞愧而勉为其难地走进婚姻，给自己和身边人带来悲惨的后果。

因此，对夫妻及单身人士的幸福都很重要的一点是，要经常演练很多好的理由，说明一个人没有他人陪伴也可以度过一生。只有当单身拥有与其他生活方式完全平等的地位时，才能确保人们自由选择，从而出于合理的原因——爱一个人，而非因为惧怕保持单身——而结为伴侣。

我们中间那些选择单身的人不应被看作不浪漫。实际上，这些人可能是最浪漫的，正因为如此，他们才认为与所爱之人组建家庭的想法缺乏吸引力，他们明了家庭琐事可能对激情造成的影响。

到头来，狂热的浪漫主义者才应该特别小心平庸婚恋关系的终结。爱情最适合那种不对它期望过高的人。

懂得如何去爱、如何与人一起生活是种成熟的标志，但认识到一个人可能在心理上无法做到这件事，也许是更为成熟的标志——毕竟我们中有相当一部分人真的无法做到。为他人（和自己）免受内心情感波动的后果影响，自愿遁出爱情关系，也许真正标志着伟大而善良的灵魂。

真正喜欢一个人，最合理的应对很可能是选择不与他一起生活——因为同居生活难免最终会在一定程度上屈服于恼人的熟悉、轻蔑和忘恩负义。对爱的充分尊重，或许是欣赏、赞美、滋养，然后离开。

以上这些并不是说一个人生活就全无问题。单身与婚恋两种状态各有缺点：前者易生寂寞，后者易生窒息、愤怒与沮丧。无论处于哪种感情状况，我们都可能相当苦恼——归根结底，这证明了既不要急于从伴侣身边逃离，也不要认为必须不惜一切代价尝试与另一个人结合。

关于爱情应该维持多长时间也是一个问题。我们所处的时代有个重要假设，即认为如果爱是真实的，它必当是永恒的。我们总是想当然地把"真诚"的爱情等同于"终身"的爱情。因此，若一段关系只维持了有限的时间——几周、五年、十年，甚至在自己或伴侣离开人世之前——便宣告结束，我们似乎难以做出其他解释，只能归咎为一方（可能是我们自己）的问题、失败和情感灾难。有人对这种失败感到绝望，因为他们的爱情只维持了三十二年。我们显然根本无法相信，一段爱情可以合情合理地只维持相当有限的时间，但真挚、重要、有意义。

当然，我们对相爱终身的集体赞扬不无道理。爱情的许多乐趣和优点确实经年累月才会显现，须待双方建立起信任、完全展现忠诚。当两个人知道他们的爱情是永久的，就会把双方的关系当成人生头等大事来经营；某些必要但令人不快的问题没有办法避免；他们会尽全力理解对方心头的奥秘，展现自己平日深藏于心的温存与柔软。他们会学着道歉，虚心承认自己的不足。他们会变得成熟。同时，他们会日日品尝小而真实的乐趣，譬如共度闲适的周日傍晚，或是在郊野公园携手漫步。这样的关系对孩子尤其有好处。

正因为在我们的集体想象中，长期关系有如此鲜明的魅力，我们应当承认，以一定的规范残酷压制一切短暂爱情的正当权利是很危险的，不该把这种短期人生计划仅仅解释为长期结合受阻或中断后的病态结果，而应将其视为具有独特价值的状态，是我们可以从一开始就理性选择的状态。如果多少看得到终点，我们在最初就应知道这样的状态对双方更好。

在短暂的爱情中，有许多事可能会更顺利：

——当两个人知道他们并不拥有彼此，就会每天小心翼翼地争取对方的尊重。知道某人随时可能离开，这不只是不安全感的来源，也能促进我们不断细心欣赏对方。

——如果关系不是永久的，我们就能求同存异，得过且过。若要走得长远，可能需要步调绝对一致。但是当时间短暂时，我们就更愿意放弃固守的立场，不为新奇与不和谐所威胁。对方放在冰箱里的独特食物、喜欢的古怪影音内容，都不会触犯我们的价值观，而是不具威胁地吸引我们拓展个性。

——在有限的空间里每天二十四个小时受到密切观察，没有谁能表现良好。对某些人来说，这种前提可能根本不利于展现最好的一面。要显露出我们有趣而宽容的一面，可能需要属于自己的卧室和浴室、好几个小时的独处时间、阅读与思考的空间，以及许多看着窗外发呆、不必说明感受的独自用餐时间。这没有什么坏处，只是我们为了展露最佳自我所必需的。

——让人变得难以相处、让爱情走到尽头的，几乎从来都不是双方本人的问题，而是试图和对方一起做的事。请你爱的人和你结婚真的算不上善待他，因为这样会把心爱的人拽进一系列不愉快也不容易的事务中：和你一起算账，定期见你的家人，看你下班后筋疲力尽、睡眼惺忪的模样，保持客厅整洁，养儿育女。真心爱一个人——希望他一切都好——的更合理的做法，或许是在心醉神迷的那几个月里亮出你最好的特质，然后在登机柜台前温柔地道别。

——长期关系彰显了某些特质，尤其是管理方面的特质，但也埋没了另一些特质，比如有趣地探讨道德或心理话题直至深夜的能力。判定一些人无法在长期的爱情环境中发光，并不是一种侮辱。不等到必须尝试和他们一起置备餐具的时候便早早离开，才是善意配合他们长处的做法。

——我们应该警惕，不要觉得爱情没有天长地久就毫无意义，从而屈服于这种摧残人心的感觉。在生活的其他领域里，我们明白"持续到永远"并非理想状态（纵使某样事物很好）。就算真的很喜欢目前的住处，我们也未必认为自己非得一辈子住在同一栋房子里不可。

且当我们出于种种原因，认识到搬家才是最明智的选择时，也不意味着要背叛或毁坏原来的房子。

——我们需要另一种对爱的解释，在没有人恶意或病态地使爱情夭折的情况下，也要允许爱情结束。只有在这样的背景下，才能减少交往中使我们饱受折磨的痛苦、内疚和责备。我们如何看待爱情的结局，很大程度上取决于社会告诉我们什么是"正常"的。如果社会认为爱情理应天长地久，那么每一种结局都必然被形容成可怕的失败。但如果我们为短暂的爱情留一些想象空间，那么结束就可能代表更深切的忠诚，不是忠于家庭和家务，而是忠于当下的快乐；一段爱情如果不被迫天长地久，我们也能带着爱情中得以保存与增色的一切，怀着平和宽容的感觉离开。

十九　古典与浪漫

我们一般不会用这样的字眼描述自己，不过关于对爱情的看法，"浪漫"与"古典"的标签能有效地凸显某些中心主题。尽管在某种程度上，这两者并存于我们每个人身上，我们还是会各自倾向于其中一方。以下是浪漫主义和古典主义在爱情与两性关系上的一些主要差异。

直觉与分析

浪漫主义者欣赏爱情看似无法理性解释之处。他们热衷于感受，唯恐思维引导生活。他们喜欢这样的想法：你仅凭直觉便知某人适合你，或者你的感觉已经告诉你一段关系结束了。在他们眼中，对某个决定或某种心情刨根问底，未免显得冷淡，甚至有些残忍。他们尤其认为不应努力剖析情感。他们非常尊重缥缈暧昧的语言和模糊的表达方式，在他们看来，这暗示了爱情与亲密关系中不可言喻的宝贵特征。他们认为，在一段感情中列出利弊清单，试着明确指出可能成功或失败的事，并不是什么好主意。

另一方面，古典主义者则警惕直觉。他们往往有过痛苦的经历，从中懂得感觉可能会误导、欺骗自己，因此会多疑、严苛地看待感觉。他们认为，爱一个人的同时，也可以追问自己为何爱他，这两者并不矛盾。他们偏好清晰的表达方式（即使是表达例如凝视伴侣双眼这种转瞬即逝的珍贵情感），喜欢那种十多岁的聪明小孩也能听懂的语言。

自发与教育

浪漫主义者常常对教导保持警惕。他们认为一段感情中的绝佳之事都是自然发生的，不必学习如何相处，应该随兴行事。有人可能想要理性而详尽地思考和谁在一起、如何安排洗衣工作、是否要孩子等，而浪漫主义者认为这种观念是教育的误导，干预了本应顺其自然的事（他们喜欢"一见钟情"之类的想法）。

性情偏向古典主义的人未必重视我们所知的现行教育制度，但是教育的抽象概念对他们来说似乎很重要。他们相信，若要避免在情感生活中犯太多错误，关键是训练。古典主义思想的人认为，教育可以恰到好处地弥补我们顽劣天性中的缺陷。我们可能需要学习如何理解自身需求，如何妥协，如何与伴侣交谈，如何与伴侣拥有满意的性生活。

诚实与礼貌

浪漫派总爱说出他们的想法或感受。他们极其厌恶虚假和保密。他们认为真实至关重要。他们把礼貌看成一个异常沉闷的盖子，压抑了真正重要的事物，因而与他们脑中爱情应有的样子格格不入。

古典派将礼貌奉为重要的遮盖，压制住可能摧毁我们的事物——他们深信该与人和睦相处。这并不是说他们害怕惹怒伴侣，他们只是怀疑这个举动本身是否有建设性，他们对单纯象征性的胜利不感兴趣。他们宁可和同居的人保持客气的关系，也不愿总是直截了当地讲出心中所想。他们接受秘密和善意的谎言在爱情中扮演重要的角色。

理想主义与现实主义

浪漫主义者为事物可能会有的理想状态而感到兴奋，他们以想象中更好的生活方式为标准，衡量爱情的现状。大多数时候，考虑到妥协、亲密不足，以及时不时出现的沮丧与疏离，现状会激起他们强烈的失望与愤怒。当伴侣令他们失望时，他们可能会大发雷霆。如果有迹象表明伴侣自私自利、不完全坦白，或是有丝毫不专注在他们身上的性兴趣，他们就可能大惊失色、出离愤怒。

对古典派而言，他们并不觉得理想情境值得过多关注。他们注重缓解不利影响。他们明白多数事情有可能变得更糟。在给一段爱情定罪之前，他们会考虑爱情正常的发展方式，在这种情况下便有可能容忍现状。他们对自己和伴侣的看法相当悲观。他们相信，每个人都比表面上更复杂、更自私。他们假定自己和伴侣（以及未来可能与他们结合的任何人）都有一些危险的冲动、奇怪的性癖好、冷漠和难以控制的欲望。当不良行为显露时，他们只觉得人孰能无过。在他们眼中，高高在上的理想毫无益处。

严肃与讽刺

浪漫主义者将注意力集中在寻找理想爱情的过程

中。他们常认为，伴侣烦扰自己的任何事情都是可以改变的。因此他们抗拒讽刺、幽默、令人泄气的说辞（有许多不同的说法——"当然，我们两个真的都完蛋了"），因为这似乎是失败主义的态度。

在古典派的信念里，他们的爱情（或伴侣，或自己的个性）并不是美妙绝伦的，而且事实上远非如此。他们的感觉是，在根本不完美的爱情中，愉快的心情是处理问题的良好起点，他们认为，现实存在的爱情可以说都是不完美的。最重要的不是让一切变得完美，也不是放弃、绝望或逃跑。古典主义思想的情人通常依赖讽刺幽默的帮助，这种讽刺和幽默，来源于人们在希望与现实之间的不断碰撞。这种情人在他们的爱情中体会到不少黑色幽默。

非凡与平凡

浪漫主义者反抗平庸。他们热衷于稀奇非凡之物。

他们喜欢把自己的爱情想成是特别的。他们喜好做一些异乎寻常的事。他们对家庭生活的日常事务满不在乎。他们想要的是英雄主义、刺激兴奋、终结无聊。他们不爱把钱当作爱情顺利与否的重要因素。

古典主义个性的人则欣然接受日常事务以抵御混乱。他们熟知极端情况，因而欢迎有点无聊的事务。他们能找出洗衣服的乐趣所在。他们明白：经营爱情与打理小生意之间有些许共同之处。

纯粹性与两面性

浪漫主义者容易全心认可或决然反对。理想情况下，伴侣应当热爱彼此的一切——否则就该分手。妥协令浪漫主义者感到灰心。在家庭的争执中，很重要的一点是让浪漫主义者感觉自己是对的；和伴侣协力真正解决问题，也不会让他们如前者般开心。

古典派的观点是，没有多少事情，也没有任何人

（尤其是自己和伴侣）是完全好或绝对坏的。他们认为，对立的两种想法都有可取之处，也都有值得学习的地方。古典派会觉得伴侣虽然整体上很不错，但在某些方面的意见可能令人难以接受，甚至有点荒谬。

浪漫主义和古典主义的取向皆能传达出一些重要的道理。没有一方是全对或全错的。它们需要平衡。无论如何，没有哪一个人只拥有其中一种取向。然而因为良好的爱情需要两者审慎的平衡，在当前的历史阶段，我们或许更需要专心致志地倾听古典派态度独有的主张与智慧。这种面对生活的方式有助于我们重新发现更为成熟的爱情关系。

二十　更好的爱情故事

虽然我们在日常生活中不会特别注意，但我们的文化——通过电影、歌曲、小说和广告——向我们呈现出的关于爱情与两性关系的故事，对我们的思考和感受方式有着潜在的重大影响。这些故事塑造了我们对于"何为正常"的感觉，也塑造了"何为令人困扰的异常"的感觉；它们播撒了某些希望与期待，也助长了特定情况下会产生的失望、愤怒与忧虑。

任何社会都会讲述属于它的爱情故事，这是一定的。而在任何时期，关键都在于主流的故事对人们有多少助益，它们是旨在帮助人们进行更好的爱情尝试，还是无意中使人们更难应付两人世界中的现实？

世上看似有太多糟糕的爱情故事——这指的是那些

故事没有为我们提供正确的爱情地图，令我们在处理两性关系的冲突时措手不及。在极度痛苦的时刻，常使我们愈加悲伤的，是感觉只有我们身上发生的事如此不同寻常、有悖常理地艰难。我们不仅受苦，而且在其他心智健全的人身上好像未曾见过相似的痛苦。

正如我们所知，对自己爱情生活的态度在很大程度上建立于浪漫爱情故事的传统（如今这传统不仅在书本中提出，也由影片、音乐和广告推行）。浪漫爱情故事的叙事艺术在不经意间构造出一种有害的模板，规定了对爱情应有样貌的期待——比照模板，我们自己的爱情生活往往看起来很可悲，令人极为不满。我们分手，或者感觉自己受到了诅咒，主要还是因为接触到了错误的故事。

假如这种"错误"的故事被称为"浪漫"，那么正确的故事——固然很少——或许可以被视为"古典"。以下是二者的一些不同之处。

情节

在典型的浪漫故事中，剧本完全围绕一对情侣如何走到一起而展开——"爱情故事"绝非如此，这只是描述爱情如何开始。爱情诞生之路遍布各种各样的障碍，观众的兴趣在于观看那对情侣坚定地克服障碍：途中或许有误解、厄运、偏见、战争、情敌、对亲密关系的恐惧，或者最打动人心的羞怯……最后，历经苦难，有情人终成眷属。爱情开始了——而故事必须结束。

而古典故事是更高明、较少直接煽情的类型，这类故事真正的关键并非找到伴侣，而是随着时光推移包容伴侣，也被伴侣包容。它知道，不同于浪漫主义文化的设想，爱情的开端并非故事的高潮，它只是旅程的第一步，而这段旅程远比开端更漫长、更矛盾，却在平静中更显英勇　故事在旅程中指引着爱情的智慧与审慎。

工作

浪漫故事中的人物或许会有工作，但工作大体上对人物的心理没有什么影响。工作在远处进行着。浪漫主义认为一个人的谋生手段与他对爱的理解无关。

但是在古典故事中，我们会看到工作实际上是生活的重要组成部分，对塑造爱情关系起着决定性的作用。无论情侣各自性情如何，工作压力最终会造成他们之间相当大的麻烦。

孩子

在浪漫故事中，孩子是次要的，是父母相爱的美好象征，就算调皮也是讨人喜欢的。他们不太哭闹，很少占用父母的时间，通常都很聪明，无须受教就会展现出天生的智慧。

但在古典故事中，我们会看到爱情关系基本上以生儿育女为导向——同时，孩子将父母置于难以承受的重负之下。他们可能会消磨掉曾使父母结合的激情。生活从崇高走向平凡。客厅里有玩具，餐桌下有鸡肉，没有交谈的时间。每个人每一刻都很累。这也是爱。

现实

在浪漫故事中，人们对于谁做家务只有模糊的概念。这件事被认为与爱情无关。家务事是一股腐化的力量，在意它的人可能不会在爱情中找到快乐。故事中的夫妻对于四岁以下孩子的作业或电视节目有何看法，我们无法了解太多。

在古典故事中，爱情不仅被理解为情感，也代表制度。它的部分原理是让两个人为了下一代的教育，结为经济共同体来行使职责。这绝不乏味。真正的英雄主义总有机会表现，尤其是在洗衣服的时候。

性

在浪漫故事中，性与爱是被描绘成彼此相属的。性爱是爱的升华。因此以浪漫主义的观点来看，通奸是致命的：和对的人在一起，绝无可能不忠。

古典主义认为，长久的爱可能不是性的最佳前提。古典主义的观点是爱与性是生活中各自独立、有时背道而驰的主题。因此，性关系方面的问题本身并不表明一段爱情整体是一场灾难……

融洽

浪漫故事关心的是主人公之间灵魂的和谐（或缺乏和谐）。浪漫主义派相信，浪漫人生的根本挑战就是寻找一个全然理解我们的人，和他在一起，就不再需要任何秘密。它相信爱就是找到另一半，找到灵魂的双胞胎。爱无关训练或教育，爱是一种本能、一种感觉——

它的运行方式通常很神秘。

古典主义承认，没有人能完全理解另一个人，一定有秘密，一定有寂寞，一定有妥协。它认为，我们必须学习如何维系良好的爱情，爱不只是上天偶然的恩赐，爱是技能，而非感觉。

当我们不再对自己诉说错误的故事，努力达到以下一些要求时，我们就会知道自己终于为爱做好了准备。

放弃完美

我们应该认识到人人都有缺陷，无论和我们在一起的是谁，他在很多重要的方面都不会是完美的。如果以为这个星系里的任何生命都能事事如意，那必须彻底断绝这个念头。世上可能存在的，只有"尚可"的爱情。

为了对此有深刻的认识，在成家之前多经历几段感情是有益的，这不是为了有机会确定"对的人"，而是可以有充分的机会在不同背景下亲自发现真相，体会到

每个人（哪怕是最初令人心驰神往的对象）在细看之下
都不那么好。

不再期待被人理解

　　有人异乎寻常地理解你，全心支持你，这样的体验
中会萌生出爱情。对方理解你心头的寂寞，懂得真实的
你。而事情到此为止。每个人的心里总有大片区域永远
不为他人所了解。

　　我们不应责备爱人失职，未能读懂并掌握我们的内
心活动。他们并非悲哀而无能。他们只是无法理解我们
的本质及需求——这十分正常。没有人能对另一个人充
分理解、完全赞同。

承认自己是疯狂的

　　这一点非常违背直觉。我们看起来如此正常，大多

数时候又如此美好。是别人的问题……

然而成熟是建立在认识自己愚蠢的积极意义上的。一个人可能长期处于失控状态，可能无法征服自己的过去，可能受到"移情"的不良影响，可能时刻在焦虑。每个人至多只是可爱的傻瓜。

如果我们不常为自己的本质感到尴尬，只能是因为我们倾向于危险的选择性记忆。

乐于受教，平静教导

当我们接受，在某些重要的方面，伴侣比我们更聪明、更理智、更成熟时，才算是为爱做好了准备。我们应当向伴侣学习，容忍对方指出我们的错误。在关键时刻把对方看作老师，把自己当成学生。同时，我们也应当愿意承担教导伴侣的任务，如同优秀的教师那样，不要喊叫、发脾气，也不要指望对方本来就什么都懂。我们理应认可，爱情包含互相教育的过程。

承认我们并不融洽

浪漫主义对爱的看法强调，"对的人"意味着与我们有相同品位、兴趣及人生观的人。这在爱情初始的短期内可能是正确的。然而时间一长，这种看法明显失去意义，因为两人的差异将无可避免地出现。真正适合我们的，不是意气相投的人，而是能够智慧而明智地调解品位分歧的人，是善于化解不和的人。

"对的人"的真实标志，并非互补的抽象概念，而是包容差异的能力。融洽是爱的成就，绝非爱的前提。

浪漫主义对我们毫无助益。按照其标准，我们的爱情几乎都是残破而令人不满的。也难怪分居和离异总是屡见不鲜、无可避免。但事实并非如此。我们只是需要改变意识形态：我们要对自己讲述关于爱情进程的更正确的故事，传播那些能使我们的问题正常化的想法、叙述、概念和笑话，以此为自己指明一条智慧而有益的路。

人生学校：爱情的真相

[英] 人生学校 编著
冯倩珠 译

Relationships

by The School of Life

图书在版编目（CIP）数据

人生学校 . 爱情的真相 / 英国人生学校编著；冯倩
珠译 . —北京：北京联合出版公司，2018.11（2018.11 重印）
ISBN 978-7-5596-2555-7

Ⅰ . ①人… Ⅱ . ①英… ②冯… Ⅲ . ①恋爱心理学—
青年读物 Ⅳ . ① B84-49

中国版本图书馆 CIP 数据核字（2018）第 207935 号

北京市版权局著作权合同登记号 图字：01-2018-6423 号

选题策划	联合天际·综合产品工作室
责任编辑	李 红 徐 樟
特约编辑	张 林
封面设计	@broussaille 私制
版式设计	汐 和
内文排版	冉冉设计工作室

出 版	北京联合出版公司 北京市西城区德外大街 83 号楼 9 层 100088
发 行	北京联合天畅文化传播公司发行
印 刷	北京联兴盛业印刷股份有限公司
经 销	新华书店
字 数	50 千字
开 本	787 毫米 × 1092 毫米 1/32 4.5 印张
版 次	2018 年 11 月第 1 版 2018 年 11 月第 2 次印刷
I S B N	978-7-5596-2555-7
定 价	48.00 元

未
UnRead
—
生活家

关注未读好书

未读 CLUB
会员服务平台